文化遗产蕴含着中华民族特有的精神内涵、思维方式、想象空间，体现着中华民族的生命力和创造力，是各民族智慧的结晶，也是全人类文明的瑰宝。

一大批不可移动文化遗产是祖先留给我们的，它直观地反映了人类社会发展的文明进程，具有历史的、艺术的、科学的、经济的和审美的价值，是探索历史不可或缺的活的物证。

保护、管理、传承历史文化遗产，是每个公民义不容辞的责任和义务。

——《艾语》题记

# 艾語

AiYu

——永修不可移动文化遗产撷英

孙慧芳 李鸣 编著

中国书店

**图书在版编目（CIP）数据**

艾语 ：永修不可移动文化遗产撷英 / 孙慧芳编著 ；李鸣编著. — 北京 ：中国书店，2021.1
ISBN 978-7-5149-2619-4

Ⅰ.①艾… Ⅱ. ①孙… ②李… Ⅲ. ①文物－普查－概况－永修县 Ⅳ. ①K872.564

中国版本图书馆CIP数据核字（2020）第182534号

艾语——永修不可移动文化遗产撷英
孙慧芳　李鸣　编著
责任编辑：秦砖汉瓦

出版发行：中国书店
地　　址：北京市西城区琉璃厂东街115号
邮　　编：100050
电　　话：(010) 63171753（总编室）
(010) 63171797（编辑室）
(010) 63171857（发　行）
印　　刷：中国电影出版社印刷厂
经　　销：全国新华书店
开　　本：710mm×1000mm　1/16
版　　次：2021年1月第1版第1次印刷
印　　张：20.75
书　　号：ISBN 978-7-5149-2619-4
定　　价：68.00元

# 编撰委员会

主　　任：帅世庆

副 主 任：熊立海（常务）　宋小平　杨增藩

委　　员：孙慧芳　李　鸣

编　　审（特邀）：汪建策

编　　委：孙慧芳　肖介汉　李　鸣　张　欣

陈前金　金和平（按姓氏笔画为序）

编　　著：孙慧芳　李　鸣

责任撰稿：李　鸣

助　　撰：魏华东

封面题字：刘文超

封面创意：李　鸣

编　　务：杜象益　邱荣斌　张海岚

# 前 言

按照国务院及国家文物局的统一安排部署，我县从2007年至2011年，历时五年，开展了第三次全国（不可移动）文物普查工作。文物普查是国情国力调查的重要组成部分，是确保国家历史文化遗产安全的重要措施，是我国文化遗产保护事业中的重要基础工作。第三次全国文物普查的一个重要内容，是根据文化遗产保护事业发展的需要，将新的文化遗产品类纳入普查范围，扩大文物事业范畴，因此也赋予文化遗产传承与推介更加鲜明的时代特色，这对实施文化遗产保护战略转型，促进文化遗产全面、有效管理和保护利用起到十分重要的作用。

为充分展示我县第三次全国文物普查田野实地调查阶段取得的重要成绩，促进旅游经济发展，用全新的理念打造本土文化，认真落实江西省文化和旅游厅部署的“三普”成果转化工作，我们编纂出版了《艾语——永修不可移动文化遗产撷英》。该书是对我县第三次文物普查工作成效的集中展示，是对我县悠久历史文化和丰富文化积淀的科学总结，是我县文化和旅游事业建设中的一项可喜成果，对于促进我县经济发展和文化旅游建设，必将带来深远的影响。

文物是人类社会活动的实物遗存，是历史文化的载体，它从不同领域和侧面揭示了人类文明发展的进程，凝聚着人类祖先的杰出智慧和创造精神。永修素有“海昏秀域，人杰地灵”之美誉，历史悠久，山川秀美，人文荟萃，创造了灿烂的文化，留下了丰富的历史遗迹和遗存。历次考古发掘，印证了早在4500年前就有人类在此刀耕火种。历经秦、汉、三国、两晋至南北朝，各种文化相互渗透，日益繁盛。在永修的历史长河中，曾有陶渊明、李白、白居易、王安石、苏轼、黄庭坚、朱熹、陈三立、郭沫若、萧克等文人墨客踏足这片土地，留下了大量宏伟华章。永修是“样式雷”始祖雷发达的故乡，雷氏家族因举世瞩目的宫廷建筑设计而载入世界建筑工艺史册。永修佛教禅宗文化蜚声海内外，历代高僧辈出，在中国佛教史上具有深远影响。永修是江西红色文化早期传承地之一，红色文化彪炳千秋。永修是赣商文化发源地之一，古镇吴城是江西商贸文化的缩影。永修还是江西农垦文化的摇篮之一，曾创建了江西农垦史上的多个第一。所有这些，都是前人留给我们的宝贵财富，值得我们骄傲、重视和保护。

《艾语——永修不可移动文化遗产撷英》内容全面、资料翔实、图文并茂、文风朴实，是我县第一本文化遗产知识书籍，填补了历史空白。

党的十九大提出了“文化大发展大繁荣”的战略，历史文化是一个地区社会经济发展的软实力和基础。《艾语——永修不可移动文化遗产撷英》是对我县历史文化的科学总结和展示，必将为我县社会经济发展及文化旅游建设提供强大的支持和依托，而且也必将为加速推进“建设四个新永修”和打造“昌九一体化桥头堡”奠定坚实的文化基础。

序一：

# 告慰永修古贤祖先及文化遗产保护先驱
## ——祝贺《艾语》出版

帅世庆

永修历史悠久，地理区位独特，深厚的文化底蕴积淀了多元的古代文明，给我们遗存了弥足珍贵的文化遗产，收藏在博物馆，收藏在永修人民的视野。考古资料证明，早在新石器时代，我们的祖先就在这片神奇的土地上繁衍生息。自汉景帝三年（公元前 154 年）始建海昏县，至今已有 2174 年的历史。

巍巍云居百丛峻岭，叠嶂层峦，对望匡庐；浩浩海昏千条源流，迂回潺湍，交汇鄱湖。永修地处修河、潦河之尾，纳百川清源，揽南北水陆，古为洪都赣北门户，今乃南昌生态花园。永修风光宜人，地缘宜居，田畴肥沃，物产丰盈，古有“海昏秀域，人杰地灵”之谓。

在永修 1947 平方公里的土地上，分布着大量的文物资源，有古文化遗址、古墓葬、古建筑、古石雕石刻、近现代重要史迹及代表性建筑等等，到目前为止，我县共有国家级文物保护单位 1 处、省级文物保护单位 3 处、县级文物保护单位近 50 处。

由于 20 世纪 80 年代中期以前，永修尚未成立专门文博事业单位，只是在文化馆内设文博组，大量传世和出土文物（包括国家珍贵文物唐三彩）被省博物馆收藏。1987 年始成立文物管理所，文物保护工作才步入正轨，直至2008年成立博物馆。馆藏文物从成立初期的几十件增加到数百件，其中国家一级文物1件、二级文物8件、三级文物11件。随后，我们自上而下建立了三级文物保护通讯网，发展业余文保员100多人，对文物保护管理起到了有力的促进作用。

文物是传承历史的重要符号，具有重要的历史、艺术、科学价值。过程漫长而艰辛的全国第三次文物普查历经五载，终于告竣。据统计，全县有不可移动文物228处。其中古文化遗址16处、古墓葬45处、古建筑108处、石窟寺及石刻14处、近现代重要史迹及代表性建筑32处、其他16处。

为了宣传《中华人民共和国文物保护法》，提高人民群众的文明素质，增强人们爱国爱乡的热情，县文化广电新闻出版旅游局携博物馆（文物管理所）将永修有形文化遗产中的古遗址、古建筑、革命旧址等国家、省、县级文物保护单位及重要文物点，以图文合璧的形式编印成书——《艾语——永修不可移动文化遗产撷英》。这是我县圆满完成第三次全国文物普查工作的成果展示，是文化和旅游整合后，永修文化遗产保护及利用工作的重要资料基础，是迄今为止永修本土编印付梓的第一本系统介绍永修历史文化遗产的书籍，也是对永修古贤祖先以及文物保护先驱的告慰。同时，本书旨在借以普及文物知识，提升民众文化内涵，从而促进县内外广大人民群众对永修历史文化的了解，关注永修文化旅游事业的发展。是为序。

2020年4月18日

于永修

序二：

# “海昏秀域，人杰地灵”
# ——写在《艾语》出版之际

汪建策

在国家文物局的要求、指导、安排下，第三次全国文物普查工作在全国各地都相继开展，现已基本结束了。各地在普查的基础上，将普查成果或结集出版或汇编成册，《艾语》的编纂出版是普查工作的总结与继续，这是一项繁重而又有历史意义的工作，是对地方历史文献的重要补充。这既是利在当代，功在千秋的事业，更是落实习近平总书记提出的“望得见山、看得见水、记得住乡愁”的具体行为。

永修，古称艾，地处江西北部，修河、潦河绕其左右，在此交汇。这里是江西最早设县建邑的区域之一，是中原文化联系赣鄱文化的重要驿站。永修的地上地下文化遗存极为丰富，从历年来的出土文物中不难看出。这里还是北方居民为避战乱被迫南迁的主要落脚点之一，南北两种“语系”在这里分水划界，但又和谐相处，共同发展，形成了一种特色鲜明的地域文化。因此，永修现象是值得我们关注和研究的。

《艾语》一书，是第三次全国文物普查永修工作的具体成果，全书共分《千年遗珍》《理论探讨》和《附录》三部分。第一部分主要汇集了永修现存的各类不可移动文化遗产，它是永修历史文脉绵延千年、生生不息的物质见证，又是一方水土与永修先民生存风情凝结而成的文化符号；第二部分主要是基层文博工作者对文物工作的思考与建议，它们带有一定的普遍性，也是一直以来困扰基层文博事业顺利发展的痛点与难点，如何破解，需要全社会的共同关注和参与；第三部分则是将永修域内有价值的不可移动文物以法律的形式公布，促进保护。从中不难看出，长期以来永修的文博工作者在县委、县政府和县文广新旅局的领导下做了大量的工作。从一处处不可移动文物的地理方位、历史沿革、保存现状以及详细测量的数据看，永修第三次文物普查工作是认真负责的，成效也是明显的。因此，他们所付出的辛劳就可想而知了。

通过普查工作，进一步摸清了永修历史文物的家底与现状，为后继的保护和利用工作创造了条件。永修的古文化遗址，主要为“台地类型”与“山坡类型”，以“台地类型”居多，这与永修的多丘陵、水网溪流众多的地理环境是密切相关的。赣北地区已发掘的同时期遗址中也多呈现出这些特点。从采集的印纹陶标本看，不论是制陶工艺，还是纹饰表现都带有赣北地区商周时期的许多文化共性，由此让我们看到了三千年前九江居民文化的互动性，听到了他们稻饭耕渔、薪柴炊烟的生息声音。这次普查，我以为，永修最大的收获是发现和找到了一定数量的古桥梁、古民居、水井和“文革”时期的政治标语，以及计划经济时代的水利设施。在这些不可移动的文化遗产中，“文革”时期的政治标语和计划经济时代的水利工程设施尤为重要。这两项内容是第二次全国文物普查工作未曾涉及的。它既是特定历史时期的产物，更是一代人的集体记忆，虽然保护起来有一定的难度，但随着时间的推移，它将会越发显得珍贵。

在城镇化步伐不断加快、新农村建设如火如荼的今天，如何挖掘、保护、传承好历史文化遗产，使其能为当代服务，为子孙造福，是时代的命题，也是我们文博工作者任重而道远的责任。希望永修的同志在对这些历史遗址、遗迹保护的同时，进一步思考如何利用的问题，让固化的历史活起来，为当代服务，为新农村建设、乡村旅游服务，探寻一条科学保护、合理利用、乡愁永驻的新型发展之路。

行笔至此，我还想说几句多余的话，今年是共和国71周年华诞，年初，慧芳、李鸣同志跟我说，让我为《艾语》一书写点什么，因我手头杂事太多，一直未能静下心来，在他们再三的要求下，我想这是我不得不去完成的任务。

改革开放四十多年，我国的经济得到了长足发展，城乡面貌发生了翻天覆地的巨大变化。让改革开放的成果惠及每个人，是党中央的要求。文化惠民是实现中国梦的重要举措之一。先哲管子说："衣食足，而知荣辱。"进入新世纪后，我国的文博事业进入了发展的快车道，一大批文博基础设施相继建立并投入使用，这给我们提供了广阔的历史舞台，如果能将普查成果以陈列展览形式推向社会的话，想必它将会是另一部生动的乡土活教材，也是留住乡情最好的立体语言！

2020年5月18日

于九江八里湖上洲岛

汪建策　九江市文物局原书记，市博物馆原馆长。文博三级研究员，江西师大文化研究所兼职教授、硕士生导师，九江学院客座教授。先后荣获九江市"优秀专业技术拔尖人才""双百、双千领军人才"和"市领导直接联系的人才"称号，九江市首批"文化名家工作室"获聘专家。

# 目 录



## 千年遗珍

## 理论探讨

## 附 录



## 后 记

# 千年遗珍

# 云居山塔林

云居山塔林位于江西省九江市永修县云居山。全国重点文物保护单位。现存有唐代以来历代僧塔91座，广泛散布于云居山上山下，分布面积300余平方公里，是全国佛教名山中保存名僧僧塔数量较多的一处，并成为考证中国佛教圣地云居山历史的重要见证物。云居山塔林为中国僧塔建筑设计的一个典范，僧塔选址大多围绕真如寺，坐落在环境优雅的丛林中，采用坚硬的花岗石为材料，中部为墓塔，四周为栏杆或半封闭院墙，塔前有祭拜供台，整座塔均由塔基、塔身、塔顶构成。塔林总体布局合理，石雕工艺高超，图案精美细腻，历史、艺术、科学价值极高。

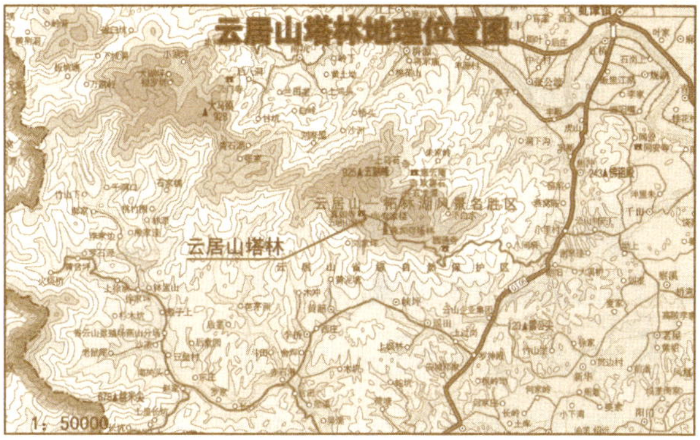

云居山塔林地理位置图

云居山塔林

# 云居山真如寺

真如禅寺位于江西省九江市永修县云居山莲花城。江西省级文物保护单位。真如寺为我国佛教著名道场和中国佛教三大样板丛林之一，建寺迄今已有1200余年历史，总建筑面积达1.5万平方米，保存完整。真如寺建筑大多为仿宫殿建筑形式，有大小殿堂26座，寮舍200多间，整体布局合理，内涵丰富，堪称典范。真如寺作为佛教曹洞宗重要发源地之一声名享誉海内外，自唐代道容禅师肇基开山以来，历代于此得法高僧和居士众多，如唐代道膺、宋代心空、明代颛愚、清代德胤及现代虚云、性福、海灯、赵朴初、一诚等，他们先后至此弘扬佛法或担任住持，为真如寺的兴旺作出了重要贡献。

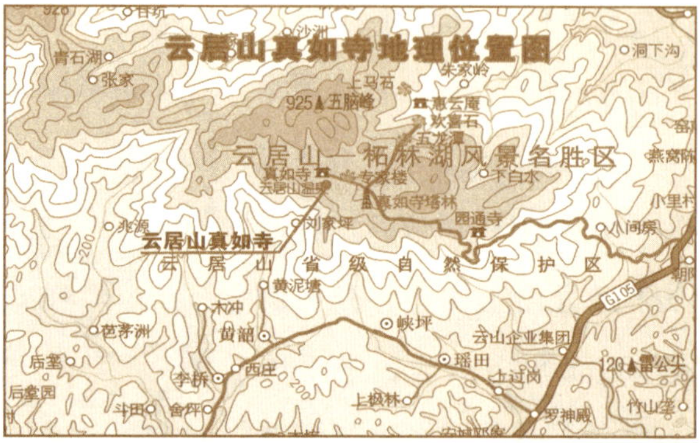

云居山真如寺地理位置图

云居山真如寺

知识链接：

# 千古云居山

云居山，古名“欧山”。相传战国末年，秦兼并六国之际，楚怀王被骗入秦，楚将欧岌为保护怀王之后裔康王避难于匡庐。秦将王翦急追而来，混乱之中，康王走失，欧岌到处寻找不见，遂遁入此山修炼得道，人们为了纪念欧岌，就称此山为“欧山”。后来，人们又以此山“山势雄伟高峨，常为云雾所抱”，于李唐之后，将此山改名为“云居山”，简称“云山”。

江西省级文物保护单位真如寺

相传，唐宪宗元和初年（806—810），道容禅师结第于云居山南麓，开基并建保定寺。后司马头陀至此过访，二人同登云居山顶，见此处“四周峰围，外壁立以千仞”，但其中央却“地平如掌，湖澄似镜”，遂治基建寺。唐僖宗中和三年（883），曹洞宗第二世门徒道膺禅师应豫章南平王之邀由庐陵（今江西吉安）转锡云居，集曹洞教义之大成，传灯阐道，弘扬法旨。由此，“云居禅院”声名远播，门徒云集，极盛时多达千余人。僖宗赐额为“龙昌禅院”。唐天复二年（902），道膺禅师在寺圆寂，唐昭宗下昭赐谥号“弘觉大师”。

五代至宋初，相继有道通、道昌、怀岳、怀满、德缘、智深等禅师住持龙昌禅院，皆提倡曹洞宗风。

北宋大中祥符元年（1008），宋真宗亲书飞白体“真如禅院”额赐寺。从此，“龙昌禅院”改名“真如禅院”。

至南宋建炎元年（1127），圆悟克勤禅师奉宋高宗“天下名山，惟师择住”之诏，游至云居山，看中了真如禅院，受命为住持。一时，衲子闻风云集，达五百余众，禅风之盛，甲于江右。

全国重点文物保护单位云居山真如寺塔林 1

全国重点文物保护单位云居山真如寺塔林 2

到元代，云居山真如寺曾一度弘扬藏传佛教，寺后保留两座藏式喇嘛塔即是其物证。

明神宗万历二十年（1592），北京万佛堂住持诸缘洪断和尚得悉云居山祖庭由于前代战乱而破败不堪的消息，毅然率弟子南下，来到云居山，立志复兴之。神宗之母“慈圣皇太后”得知，遣太监到真如禅寺挂幡，赐予黄金、紫云等吉物。

清代中后期百余年间，社会动乱，外侮屡至，真如寺也长时间地隐于衰落之中，名声久寂。

直到民国四年（1915），净鹿禅师继木尘禅师之后住持真如禅寺，寺中方有生机。

1953年，中国佛教协会名誉会长、当代禅宗泰斗虚云长老来到云居山，对真如寺进行了一次全面修葺。

1982年，地方政府在海内外四众弟子的援助下，对真如寺及历代僧塔作了全面修葺。

纵观千余年以来的历史，真如禅寺作为禅宗最盛道场之一，对中国乃至东南亚地区佛教的发展都产生过巨大的作用和影响。

云居山真如寺历尽沧桑，由于战争等原因，史料中不断出现毁与修或重建的记载，面貌不断改变。唯有历代僧塔未有大的变动，因而其并不以真如寺兴衰而改变面貌，从而保留了更多的历史信息。

# 吴城吉安会馆

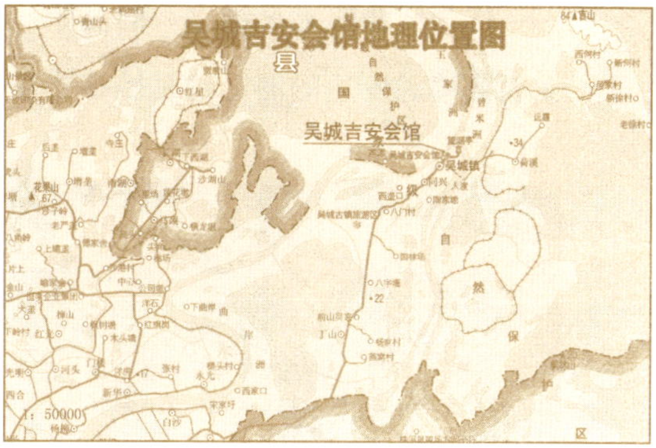

吴城吉安会馆地理位置图

吴城吉安会馆

吴城吉安会馆位于江西省九江市永修县吴城镇宋家塘社区中心（吴城镇人民路160号）。江西省级文物保护单位。始建于清代初年，嘉庆二十三年（1818）、道光七年（1827）进行过较大规模的维修。吉安会馆占地1000平方米，平面呈长方形，内结构分两层，下为客堂，上为观戏台。整幢建筑为砖木结构，一层客堂为吉安籍客商宴宾之所，有三扇大门进出，二层观戏台台面为地板，四周由四根石柱支撑，石柱上部为木柱，正中悬挂“吉安会馆”馆匾。观戏台木构件都雕刻有神态各异的戏剧人物、瑞草飞鸟、垂吊花篮等图案，顶部中央藻井装饰华丽，形似盝顶，有长方形藻井框，中央为葫芦状凹进。吉安会馆作为古镇吴城的一座标志性建筑，保护价值极高，对于进一步考证会馆建筑特色及吴城商贸文化具有重要的意义。

知识链接：

# 吉安会馆及会馆文化

作为江西四大名镇之一的吴城，自古以来一直是江西对外商业贸易的重要商埠，发达的商运给吴城带来了空前的繁荣。来自全国各地的水客和

吴城古镇

商贾为了集会、寄寓、联系业务、解决纠纷和储存货物的需要，纷纷在古镇大兴土木，兴建同乡会馆，最盛时会馆达 48 座之多。较著名的有全楚会馆、山西会馆、广东会馆、浙宁会馆、福建公馆、徽州会馆、麻城会馆、江西会馆、武宁会馆、吉安会馆等。

吉安会馆原名“合德堂”。整幢建筑分前堂、戏台、中厅、花园、后

堂等。前堂为三开间，由一个正门两个便门组成，正门门楣上方有一块巨大的石匾，边饰腾龙、车马、人物、花卉等浮雕，石匾上刻有阳文楷书“理学名臣”四个大字，笔力遒劲，端庄凝重，相传是明初大才子解缙所书，为纪念南宋民族英雄文天祥而题。左右便门上方分别刻有“居仁”“由义”，取自孟子名言“居仁由义，大人之事备矣”，意思是说：一个

有人格的人，只要居住在“仁”中，行走在“义”上，他所做的事就齐备了。这正是文天祥一生光辉品格的真实写照。徽式门楼上有各种花纹图案、石刻雕饰，巧夺天工，粗犷而不失细腻。整个前堂为两层的砖木结构，楼下两侧是厢房，中有内照壁，又称“影壁”，具有挡风和遮蔽视线的作用，照壁两旁各有一个门，是去中、后堂的通道。

吉安会馆古戏台

楼上是观戏台。早年这里演唱茶灯戏的活动异常活跃，那一时期，镇上的茶行为了接待茶客，经常请些民间艺人清唱茶灯戏，又谓之“板凳曲”（坐在板凳上清唱）。同时，由赣南放木排到吴城的排工，也带来了不少赣南采茶戏剧目。饮茶听戏成了那个时代吉安会馆最流行的娱乐活动，风靡一时，并流传至九江、瑞昌、湖口和武宁等县，把茶灯戏演唱活动推向高潮。清代陈奉兹《浔阳乐》诗云：“灯火照龙河，鱼龙杂绮罗。偏怜女儿港，一路采茶歌。”（见《敦拙堂诗集》）。李天英亦有诗云：“锣鼓喧闹鹤焰腾，凤凰山上月初开。采茶歌罢东风起，吹出鳌山太子灯。”（见清嘉庆《建昌县志·艺文》之《吴城竹枝词》）。这两首诗描述的正是赣北地区茶灯戏演出的情景，也是吉安会馆设立戏台的文化背景。

江西省级文物保护单位吴城吉安会馆

观戏台北面有一排木栏杆，这种人性化设计无疑是为观戏者考虑的。左边有个吊楼，与观戏台连成一体，通向中厅。月梁、斜撑、雀替、门窗等构件无不精雕细凿，可谓是鬼斧神工。尤其引人注目的是顶部的椭圆形藻井，精美的木雕，精湛的雕刻工艺令人叹为观止。

斗转星移，随着历史的变迁，前堂以后建筑已尽毁。

# 城山墩曲尺塘遗址

城山墩曲尺塘遗址位于江西省九江市永修县梅棠镇厚城村西北方向3000米处。山坡地形，地面已垦种庄稼，长100米，宽50米，分布面积5000平方米，文化层堆积3—5米。采集标本有鼎足、陶片（曲折纹、锯齿纹、云雷纹、漩涡纹、网纹等），年代为商晚至西周。城山墩曲尺塘遗址对于探讨赣北地区商周文化发展具有重要参考价值。

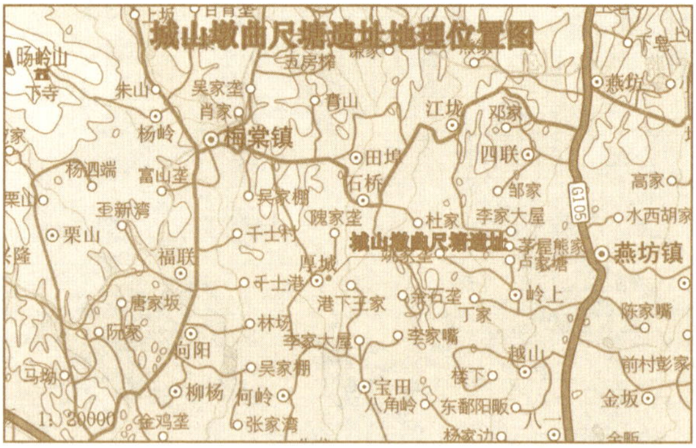


城山墩曲尺塘遗址地理位置图

城山墩曲尺塘遗址

# 寨山墩遗址

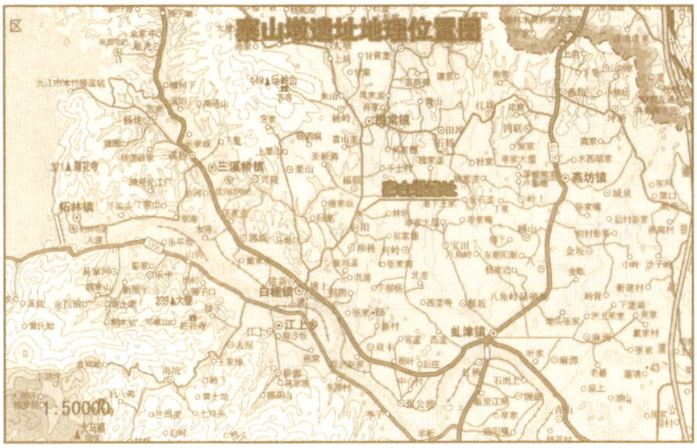


寨山墩遗址地理位置图

寨山墩遗址

寨山墩遗址位于江西省九江市永修县白槎镇向阳村东北方向1000米处，台地地形，附近有小溪，长100米，宽30米，分布面积3000平方米，遗址保存完整，文化层堆积1—3米。采集标本有石器（石锛、石刀）、鼎足、陶片（方格纹、锯齿纹、曲折网纹、云雷纹、菱形纹等），年代为商晚至西周。寨山墩遗址对于考证南方居住遗址发展具有重要参考价值。

# 磨盘山遗址

磨盘山遗址位于江西省九江市永修县马口镇马口村西南约 1 公里处，台地地形，地面为菜地，长 400 米，宽 20 米，分布面积 8000 平方米，保存完好。采集标本有石器（石斧、石镞、石刀）、鼎足、陶片（方格纹、网纹、绳纹、菱形纹、几何纹等），年代约为新石器时代晚期至商周。磨盘山遗址是永修为数不多采集有新石器时代晚期标本的遗址，对于考证永修新石器时代晚期至商周时期历史具有一定参考价值。

磨盘山遗址

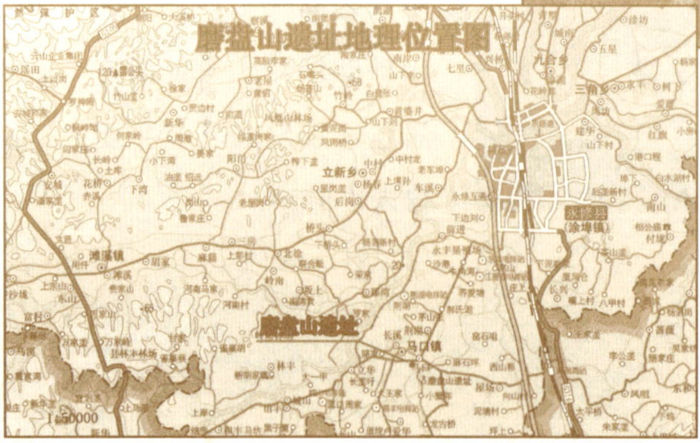


磨盘山遗址地理位置图

# 魏源墓

魏源墓位于江西省九江市永修县柘林镇易家河村，该墓“文革”时曾被破坏，现仅存封土堆、石马等地面遗迹。分布面积 30 平方米。魏源为明代刑部尚书，为官清廉，深受百姓爱戴。清代《建昌府志》载有魏源事迹。20 世纪五六十年代，江西省博物馆曾对该墓进行考古发掘，出土了一批影青瓷器。魏源墓对于考证魏源生平及明代殉葬制度具有重要参考价值。

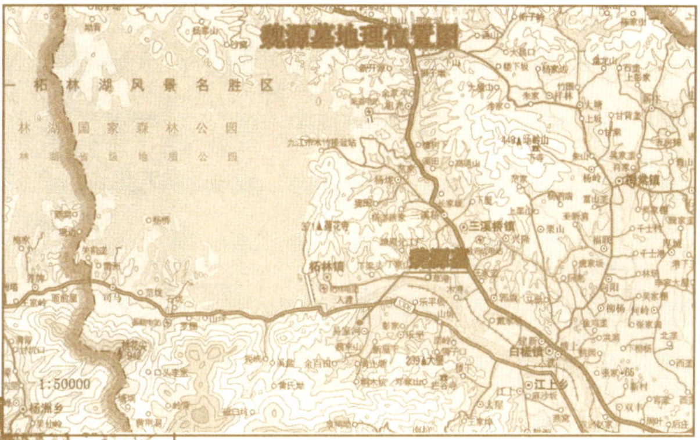


魏源墓地理位置图

魏源墓

千年遗珍

# 陈母曾太君人墓

陈母曾太君人墓位于江西省九江市永修县马口镇先锋村叶家庄，墓保存基本完整，占地面积 100 多平方米，封土高 3 米，直径 6 米，墓前有石象、石狮、华表、碑刻等。20 世纪 80 年代石象、石狮等曾被盗，后追回。该墓为清代广西招平府道台陈子中母亲之墓，同治年间陈母被封为诰命夫人，地位显赫。古墓外观气势恢宏，前有神道，各种石像按中轴线分两边对称排列，对于考证清代赣北名人墓葬习俗具有重要参考价值。

陈母曾太君人墓

陈母曾太君人墓地理位置图

# 三房桥戴氏门楼

三房桥戴氏门楼位于江西省九江市永修县滩溪镇三房村戴家村民小组，建于明代嘉靖至隆庆年间。整体结构由麻石、青石、红石砌成，分内外两层，面阔23.68米，进深1米，通高4.3米。上有文字记载：左边为“嘉靖癸巳岁仲冬月巡按江西监察御史李循义为”，右边为“广西布政司左参议前刑部郎中戴瑗立隆庆辛未岁孟冬月”。三房桥戴氏门楼对于探讨明代江西牌坊建筑样式具有重要参考价值。

三房桥戴氏门楼

三房桥戴氏门楼地理位置图

# 万氏贞节坊

万氏贞节坊位于江西省九江市永修县吴城镇大同村，建于清代乾隆年间，面阔 14 米，进深 1.5 米，通高 6.8 米。整体结构为麻石、青石制，上有乾隆御笔“旌表节孝太学生叶公瑞亭之媳儒童叶殿池之妻举人万公年颂之侄女生员中立公之女”，“节凛冰霜”，“旌表节孝业儒叶殿池之妻万氏坊”等字迹。万氏贞节坊对于探索古代江西牌坊建筑历史具有重要参考价值。

万氏贞节坊地理位置图

万氏贞节坊

知识链接：

# 万氏贞节坊及其故事传说

从永修县城出发沿着永吴公路前行，距离吴城镇约 2.5 公里处有个大同村，该村公路边的东侧田垄上，耸立着一座花岗石建筑，它就是“万氏贞节坊”。这也是古镇吴城仅存的一座牌坊。

贞节牌坊多是指为了表彰封建女性对自己的丈夫坚贞不渝，一生恪守贞节而建立的牌坊。“牌坊要大，金莲要小”，“饿死事小，失节事大”，“存天理，灭人欲”，无不在极力宣扬妇女守节胜过尊重生命，这种贞洁观明显是对女子的片面要求。为了这种虚无缥缈的东西，为了她们头上这个致命的“紧箍咒”，无数女子甚至付出了生命的代价。

万氏贞节牌坊是一座典型的四柱三开三重檐结构牌坊。该建筑工艺精湛，雕饰精美，造型端庄典雅，构件之间采用榫卯楔合，底部由八块抱鼓石支撑，石上刻有简朴的图案。顶部原为镂空雕葫芦宝顶金刚座，楼盖共圆雕六鸱吻。三重飞檐层层上收，呈张口吞脊展翅欲飞状。一重檐下方原有“圣旨”二字，四周刻有“九龙捧圣”雕花图案，两面嵌花鸟、人物浮雕。花卉繁茂，鸟兽欢跃，人物栩栩如生。二、三重檐正背两面均嵌有题刻。遗憾的是，最上面一重及各重中大量精美的浮雕装饰在解放初年被一场突如其来的龙卷风掀掉。如今，虽然只剩下二、三两重骨架，仍不失庄严宏伟之气势。

每座牌坊都承载着一段历史，万氏贞节牌坊背后也有一个催人泪下的故事，一直在民间口口相传。

清乾隆年间，吴城大同村住着叶姓和万姓两户人家。叶家主人叶瑞亭为国子监太学生，他有个儿子名叫叶殿池；万家主人是位秀才，有个爱女名叫万巧玉。殿池与巧玉从小青梅竹马，两小无猜，情同兄妹。16 岁时，巧玉已出落得亭亭玉立，美艳动人；殿池也长得英俊潇洒，一表人才。眼看都到了谈婚论嫁的年龄，双方父母见这对儿女互相爱慕，相敬如宾，眼角眉梢写满欣慰，有意共结秦晋之好。经邻里乡亲撮合，两家订立婚约，打算翌年春上择日完婚。

叶殿池是位好学上进的后生，从小立志考取功名，光宗耀祖，报效朝廷。眼看院试临近，叶殿池颇为焦急，心里默念着："劝君莫惜金缕衣，劝君惜取少年时。花开堪折直须折，莫待无花空折枝。"他埋头苦读，夙兴夜寐，废寝忘食。未料婚约缔结不久，巧玉尚未过门，殿池竟因积劳成疾不幸殒命。本是天作之合的一对佳人瞬间阴阳两隔。

巧玉得知未婚夫英年早逝的噩耗，悲痛欲绝，终日以泪洗面，茶饭不思，仰天长叹：自古多情空余恨，此恨绵绵无绝期。我虽是叶家未过门的媳妇，可既已与殿池订下亲事，就不能违背诺言。她发誓终身不再嫁人，无论媒婆如何巧舌如簧上门提亲，她都一概拒绝。为避世俗闲言碎语，巧玉毅然决定去叶家过日子，为殿池父母尽孝道。

春去秋来，花开花落。巧玉在叶家数十年，守身如玉，含辛茹苦，视公婆如己亲，在寂寞中耗尽年华，直至老去。

万巧玉守节之事在当地传为佳话。乾隆皇帝感念其德，颁旨旌表，赐立贞节牌坊。叶家后世子孙纷纷捐资出力，修建了这座万氏贞节牌坊。牌坊落成后，前来瞻仰者络绎不绝，文官落轿，武官下马，盛极一时。

光阴荏苒，岁月悠悠。随着时光的流逝，这个真实的故事早已化作历史烟云，然而这座傲然挺立着的牌坊却给人们留下了无尽的思考和回味……

# 艾城王家高桥

艾城王家高桥位于江西省九江市永修县艾城镇高桥村王家村民小组，始建于宋元时期，清代乾隆年间重修。麻石结构，长 17.3 米，宽 1.4 米，高 3 米，桥墩有青石碑刻，记载该桥历史沿革。高桥造型独特，对于探讨江西古代造桥工艺具有重要参考价值。

艾城王家高桥

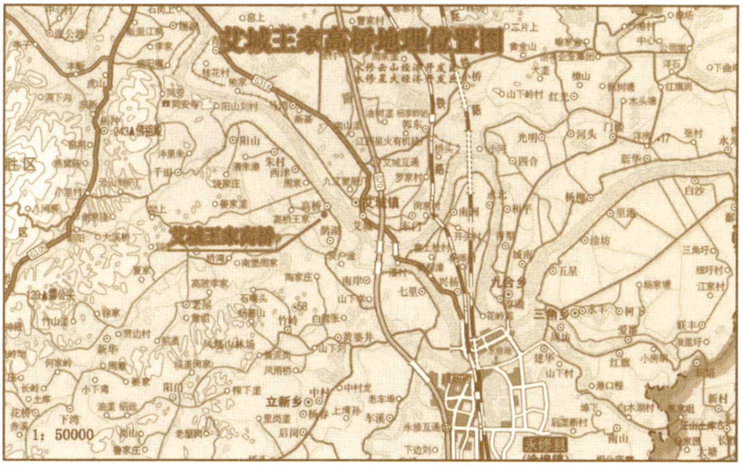


艾城王家高桥地理位置图

# 淦氏家祠

淦氏家祠位于江西省九江市永修县九合乡红光村，始建于明代，现存建筑为清末重修，由祠堂、院落组成。祠堂坐东北向西南，面阔17.6米，进深12米，砖木结构，封火山墙，青砖墙面，小青瓦，斜坡顶。第一次国内革命战争时期，中共永修县委曾迁此办公。淦氏家祠对于进行爱国主义革命传统教育及探讨明清祠堂建筑特色均具有重要参考价值。

淦氏家祠地理位置图

淦氏家祠

# 四联祭祀坑遗址

四联祭祀坑遗址位于江西省九江市永修县燕坊镇四联村东北3公里处，2002年砖瓦窑在此取土时，曾发现江南罕见的青铜打击乐器——铙（商代，一级文物），随后省考古所进行了考古发掘。该遗址为山坡地形，长200米，宽150米，总面积约3万平方米，文化层深度为1米至3米不等，采集标本有鼎足、鬲足、陶片（云雷纹、网纹、方格纹等）。附近还发现有灰坑、水井、柱洞等遗迹现象。初步定为商代中晚期至西周早期居住和祭祀遗址。该遗址对于考证商周祭祀文化具有重要参考价值。

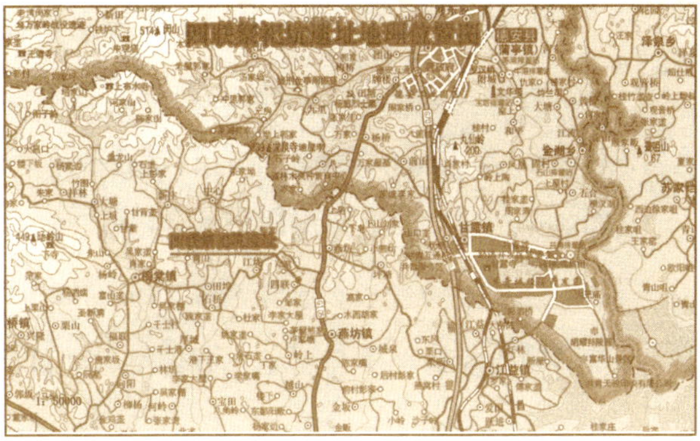

四联祭祀坑遗址地理位置图

四联祭祀坑遗址

# 戴家山遗址

戴家山遗址位于江西省九江市永修县云山企业集团军山分场茅栗岗村，为配合昌九高速公路建设，曾进行两次发掘。属山坡类型，遗址分布约8000平方米，采集标本有石器（石斧、石刀）、陶片（方格纹、圈点纹、堆塑弦纹等），文化堆积约2—3米，发现有灰坑，出土一件较完整陶器。该遗址年代跨度长，有新石器时代晚期至早商遗迹现象。对于探索江南新石器时代晚期至早商文化具有重要参考价值。

戴家山遗址地理位置图

戴家山遗址

# 城墩遗址

城墩遗址位于江西省九江市永修县滩溪镇沙垅村西南 1 公里处，属台地地形，附近有良田、小溪，遗址分布面积较广，达 8000 平方米，长约 100 米，宽约 80 米。经试掘，文化层堆积 2.5 米左右。该遗址堆积为商周文化遗存，文化遗迹以灰坑为主，其他还有房基、陶窑等。采集有石器、鼎足、陶片（曲折纹、网纹、圈点纹等），陶片多为灰色软陶、硬陶和红色夹沙软陶。城墩遗址对于考证赣北商周文化具有重要参考价值。

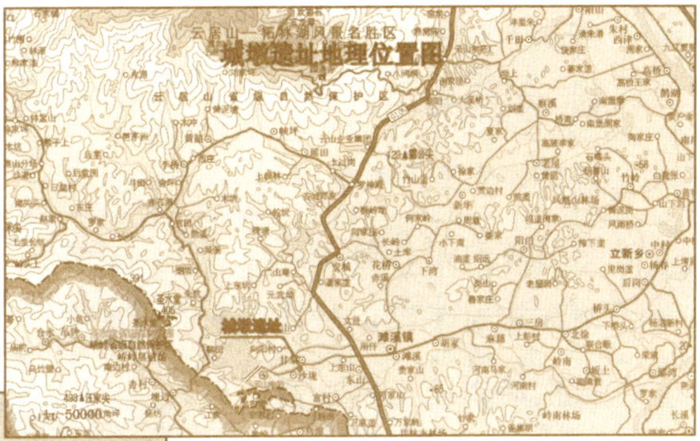


城墩遗址地理位置图

城墩遗址

# 李衢墓

李衢墓位于江西省九江市永修县三溪桥镇横山村磨刀村民小组柘林湖边，墓座北朝南，封土堆高1.5米，直径8米。李衢为唐太宗李世民后裔，五代时为逃避战乱，率族人从中原逃至江南，死后葬于此处。现墓为李氏后人重修，墓前留有清代碑刻。李衢墓对于探索唐代灭亡后李氏王室后裔南逃历史线索具有重要参考价值。

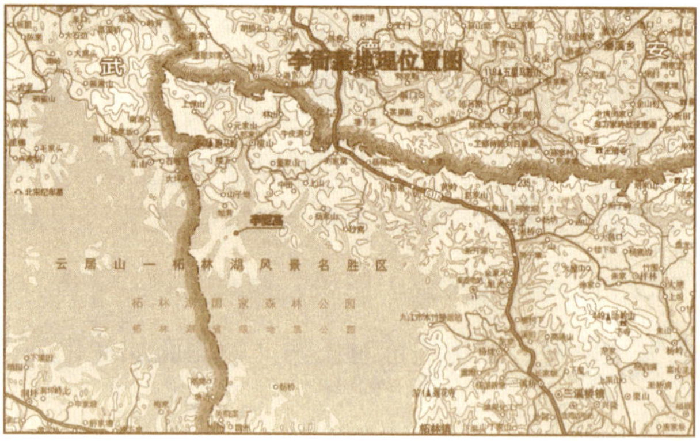

李衢墓地理位置图

李衢墓

知识链接：

# 大唐皇裔“磨刀李”

三溪桥镇横山深处，有一个叫“磨刀”的小山村，风光秀丽，环境优美，是柘林湖畔的一颗璀璨明珠。

关于磨刀村的得名有个传说。相传东晋时期，鄱阳湖大水蛟作怪，连年水灾，当时享有盛誉的道教天师许逊带着徒弟们诛杀水蛟。他铸剑磨刀的地方，后来就叫磨刀村。

“磨刀李”祠堂图

据《磨刀李氏大成宗谱》记载，磨刀村的李姓村民是李唐皇族的后裔，“磨刀李”由此得名。其始祖李衜是唐太宗李世民三儿子吴王李恪第十一世孙，唐昭宗李晔的随侍近臣，官居太子太傅。

李衜担任太子太傅时，大唐王朝已经走向了末路，名存实亡。天祐元年（904）正月，唐昭宗为当时最大的藩镇梁王朱温所控制。朱温杀掉宫里所有宦官，下令彻底毁掉长安的皇宫、百司衙门、宅邸和民舍，强逼唐昭宗及文武百官迁都洛阳。正月十一日，唐昭宗的车驾出发，昭宗夫妇乘一辆辇车逶迤而行。随行的丞相、中书令、各部尚书及王子皇妃等，或轿或马，更多的是步行。昭宗知道此去洛阳凶多吉少，在车驾行至陕西华县驻跸兴德宫时，屏退左右，只留李衜等几个宗室之臣。他对李衜说：“纥干山头冻杀雀，何不飞去生处乐？朕与诸卿，皆李氏血脉，此去洛阳，恐难保全。念大唐列祖列宗之传嗣，卿等不必随侍，可各自逃生，以保李氏血脉而期来日。”在悲声中，李衜向昭宗辞别，趁乱带领弟弟李术等部分皇室宗亲，携带大唐皇族谱牒，辗转千里，寻找避难之所，最后来到永修横山深处，见此地四面环山，易守难攻，遂定居于此。而在李衜逃亡的那年，唐昭宗及李氏其他族人都被朱温诛杀。

朱温政权覆灭后，“磨刀李”子孙才四处迁徙，开枝散叶。现在有超过百万李姓源自“磨刀李”，他们遍布世界各地，并出了不少名人，如宋朝李公懋、李燔、李成大，清朝的李凤翥、李凤彩家族，近代的李烈钧，等等。

磨刀村以前有一座祠堂，名衜公祠，又称蟠根祠。祠堂恢宏气派，门楣上镶着的“仙李蟠根”石匾现仍保存在磨刀村。祠堂进深15米，内有戏台、天井、厢房，还有供奉祖先牌位的供堂和家族聚会的厅堂。日军侵华期间，日本兵在祠堂旁边的山上兴建碉堡，把祠堂的木头拆掉当柴火，砖块用来盖碉堡，衢公祠因此被毁。

李衢去世后，家人遵照遗嘱把他安葬在磨刀村的老鼠尾山上。20 世纪 70 年代，因柘林拦坝蓄水，李衢墓被淹。2007 年初，鄱阳湖区域遭遇大旱，柘林湖水位大幅下降，李衢墓才重见天日。该墓葬十分考究，墓冢呈圆丘形，墓碑由青灰色条石垒成，有石板拼成的宽大祭台。墓前的三块墓碑一字排开，上面碑文因经年水浸，字迹模糊，只有居中一块墓碑上“大唐太子太傅李衢及裴夫人墓”的碑文隐约能辨。李衢墓的重现，为磨刀李氏的由来提供了重要的实物依据。

清代绘制的《衢祖肇迹磨刀图》明确记载了那时的磨刀村不但有磨刀石，还有磨剑泉、磨剑谷和万福寺。图上还注明了一条“吴楚通衢”，是进出磨刀村的唯一通道。

农历九月二十三日是李衢诞辰。每年这一天，不少外迁族人会回到磨刀村祭奠老祖宗李衢。这种习俗代代相传，成为当地的千年遗风。

# 董有林墓

董有林墓

董有林墓位于江西省九江市永修县虬津镇鄱坂村316国道旁1公里处。墓坐西朝东，封土堆高1.6米，直径1.2米。董有林为宋代湖北荆州刺史，为朝廷重臣，历史上具有重要影响。该墓在“文革”时曾遭破坏，后人为了纪念他，在原址又进行了修复重建。董有林墓对于考证董有林生平及江西宋代官吏葬制具有重要参考价值。

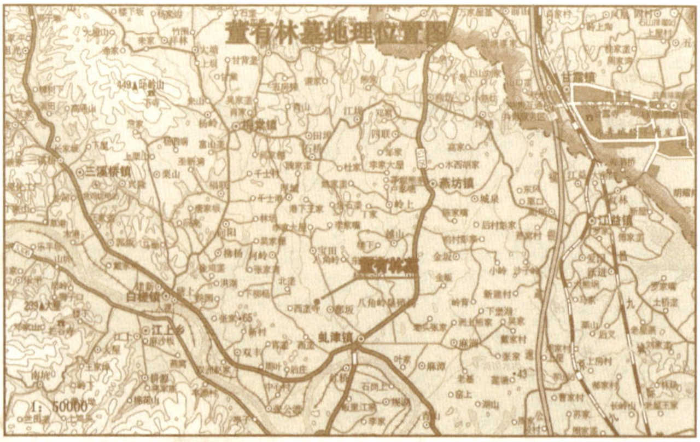


董有林墓地理位置图

# 戴如愚墓

戴如愚墓位于江西省九江市永修县艾城镇艾城村艾城粮管所后山上，麻石结构，封土高2.8米，直径4.8米，附近有三元殿遗址和孔庙遗址。戴如愚为宋代进士、建昌县令，声名显赫。戴如愚墓对于考证戴如愚生平及宋代官吏葬制具有重要参考价值。

戴如愚墓

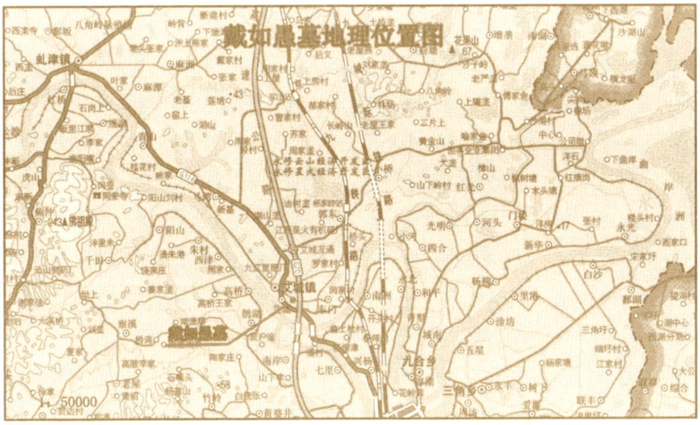


戴如愚墓地理位置图

# 魏源母亲、次子及孙女墓

魏源母亲、次子及孙女墓分别位于江西省九江市永修县柘林镇易家河村和江上乡南坑村，为明代刑部尚书魏源母亲、次子魏克敬及孙女王氏的归葬地。三墓尤以魏母墓保存最为完好，封土堆高3.8米，直径5.1米，墓前有皇帝旌表魏母的汉白玉制千字功德碑。魏源母亲、次子及孙女墓对于考证魏源家族史和明代官吏家族葬制具有重要参考价值。

魏源母亲墓

魏源母亲、次子及孙女墓地理位置图

# 风雨桥

风雨桥位于江西省九江市永修县立新乡竹岭村东南方500米处。青石板桥墩桥面，长30米，宽1米，高4米。始建于北宋，现存桥体为明代重修。传说此桥为云居山佛印和尚在北宋大文豪苏东坡建议之下修建，原是艾城（古代县治）通往省城南昌的要道，地理位置十分重要。该桥对于探索江西古代梁桥修造工艺及交通具有重要参考价值。

风雨桥

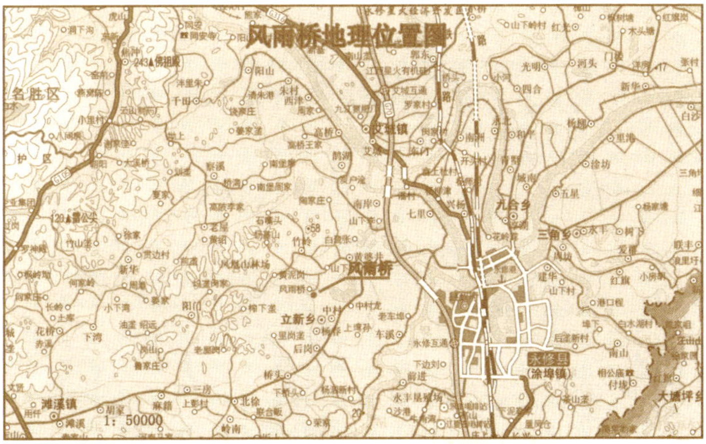


风雨桥地理位置图

千年遗珍

# 黄婆井

黄婆井位于江西省九江市永修县立新乡黄婆井村，凿建于清代，井台由一块直径 80 厘米 ×60 厘米的大青石板构成，中间凿出一个 35 厘米直径的圆孔以便汲水。该井无常见的井圈，井内壁用红石块砌筑成圆形，井深 5 米。井水清澈透底，味如甘泉，是黄婆井村居民日常生活的重要水源。黄婆井对于探讨古代水井修造工艺及古村落历史具有重要参考价值。

黄婆井

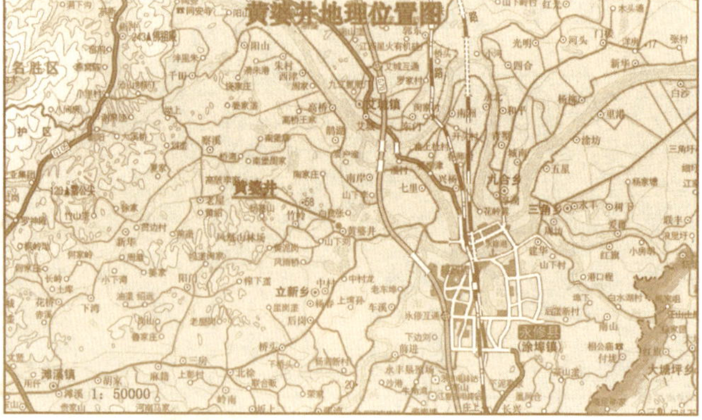


黄婆井地理位置图

# 河桥古民居

河桥古民居位于江西省九江市永修县三溪桥镇河桥村中曹村民小组，属明末清初建造的砖木结构民居建筑，坐西朝东，占地面积 260 平方米，八字形门楼，进门楼后为一小院落。建筑主体是一栋民居，徽派结构，青砖外墙高约 7 米，屋内为四柱三间，穿斗式木架构。前后两进一天井，8 间厢房。轩敞清爽，门窗隔扇都镂雕成各种空格花纹，隔扇下有各种木雕图案，有人文花鸟，有神话传说，栩栩如生，精妙绝伦。该民居现为村民居住，保存较为完好。河桥古民居对于探讨明清江西建筑及民俗具有重要参考价值。

河桥古民居

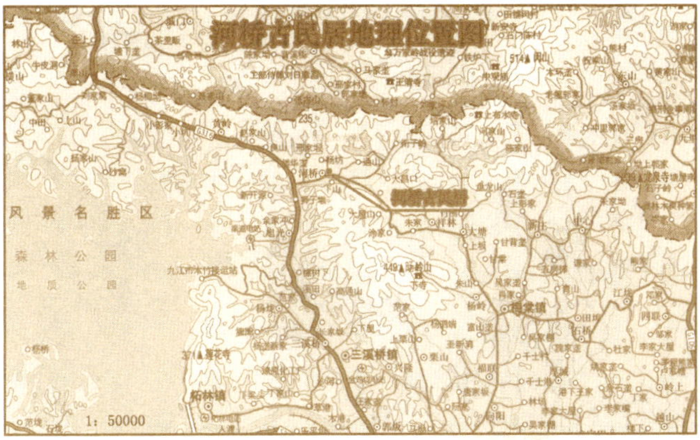


河桥古民居地理位置图

# 新庄古民居（雷氏祖屋）

新庄古民居（雷氏祖屋）位于江西省九江市永修县梅棠镇新庄村雷家村民小组。江西省级文物保护单位。清代建造，砖木结构，坐北朝南。共三幢，呈“品”字形排列，分别为一幢进、二幢进、三幢进天井式徽派风格建筑，总占地面积1000余平方米。青砖外墙，内部为穿斗式木架构，隔扇门窗甚多，遍布石木雕刻，技法流畅精细，堪称一绝。 新庄为“样式雷”始祖雷发达家乡，此民居群为雷发达捐资，由其族人所建。新庄古民居（雷氏祖屋）对于探讨“样式雷”文化具有重要研究价值。

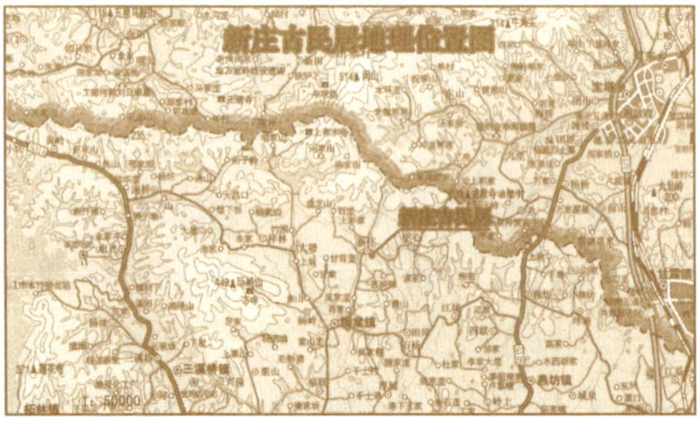


新庄古民居地理位置图

新庄古民居（雷氏祖屋）

知识链接：

# 雷氏祖屋和“样式雷”始祖雷发达

新庄雷家村民小组位于永修县梅棠镇东北方向，该村地势平坦，红壤土质，村民多种植水稻。雷姓占全村人口的95%。该村以畲族为主，是全县唯一的少数民族聚居村落。村内建筑以平房居多，均为普通砖木结构民宅，也有部分三层以下砖混结构楼房。

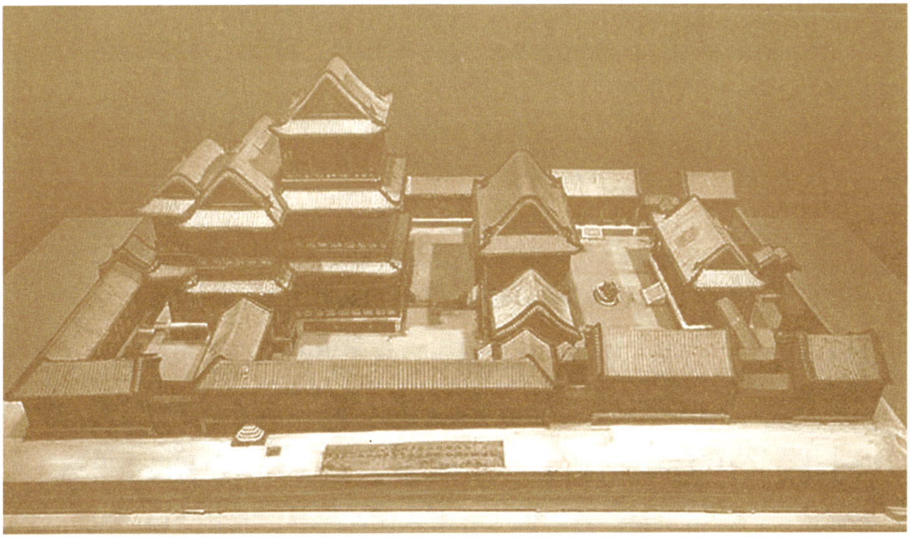

“样式雷”烫样照片

新庄雷家村民小组历史悠久，据考证早在新石器时期就有古人类生活。魏晋以来，受中原战乱影响，大量畲人迁入此地，与当地汉人一起劳作生息，创造了灿烂的文化。

“样式雷”故里—新庄雷家村

雷发达，江西永修新庄雷家村人，畲族，生于明万历四十七年（1619），卒于清康熙三十二年（1693），是我国古代杰出的建筑艺术设计家，著有《工部工程做法则例》《工程营造录》。清代初年，雷发达由此应募入京，发明并建立了享誉中外的“样式雷”建筑工艺。雷氏祖屋就是雷发达从北京捐资建造的，虽历经沧桑，但建筑本体保存较好，它是“样式雷”文化在江西最重要的载体之一，现已成为雷发达祖籍地标志性建筑。

雷氏祖屋布局十分考究，为二进式，二天井，砖木结构。整幢建筑呈现典型的江南民居特色，尤其是内结构木构件，雕龙画凤，图案丰富，充分表现了能工巧匠的想象力。同时，该宅第集历史、艺术、民俗为一体，是雷发达江西遗存的代表作。其建筑年代有砖文可证，后虽历经维修，但大部分构架仍为清初格局，传承三百余年还如此之好，确属罕见。

# 吴城天主教堂附属楼

吴城天主教堂附属楼位于江西省九江市永修县吴城镇万寿宫社区（镇政府大院内），清末民初建造，砖木结构，坐北朝南，占地面积500余平方米。为清末荷兰天主教会在吴城所建天主教堂之附属建筑，主要功能是为传教神职人员提供休息的场所。该建筑共两层，墙面为青砖砌就，小青瓦，四坡顶。内部木材用料较大，窗框为拱形砌筑，线条优美流畅，地面全为木制地板，房间左右对称隔成小间，中为公共过道，建筑立面具有浓厚的欧式韵味。

吴城天主教堂附属楼地理位置图

吴城天主教堂附属楼

该建筑对于探讨吴城古镇宗教文化及欧洲传教活动具有重要研究价值。

# 同安寺

同安寺位于江西省九江市永修县艾城镇谦田村西北约 1 公里处，始建于唐代，现存建筑大多为现代重修。有主殿、配殿、客堂及古代塔林等建筑，主殿面阔 12 米，进深 6 米，通高 8 米，规模宏伟。

同安寺建筑群对于探讨江西佛教文化及佛教建筑具有重要参考价值。

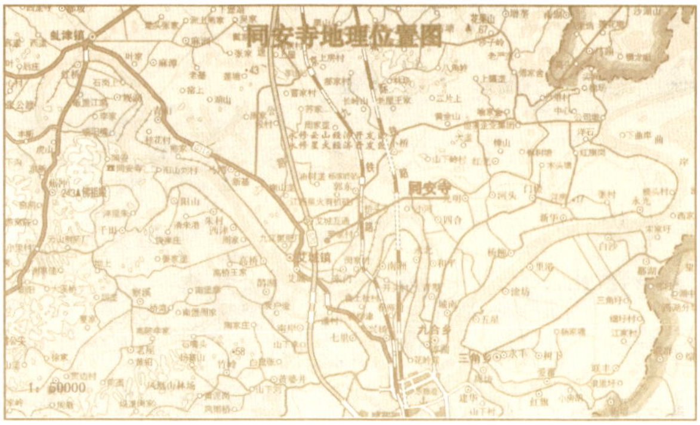


同安寺地理位置图

同安寺

# 胡氏百岁石牌坊

胡氏百岁石牌坊位于江西省九江市永修县江上乡新基村，建于清代乾隆四十二年（1777），坐西朝东，麻石结构，四柱三间（一柱已毁）。上、下枋间刻有“贞寿之门”“旌表御钦朱添壁之妻胡氏百岁”等字样。

胡氏百岁石牌坊对于探讨古代皇室对民间的旌表制度和江西牌坊文化具有重要研究价值。

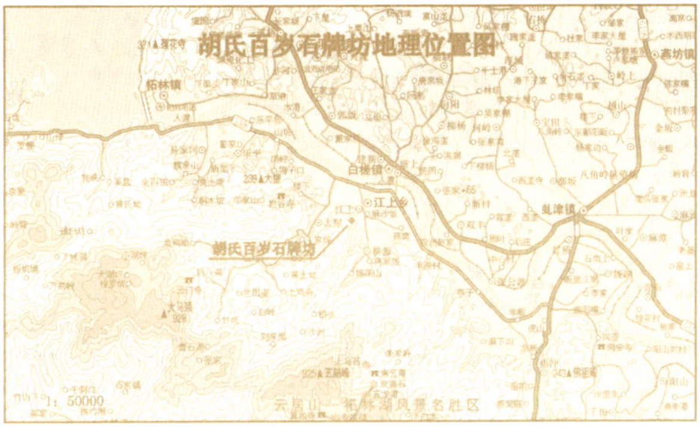


胡氏百岁石牌坊地理位置图

胡氏百岁石牌坊

# “八一”南昌起义涂埠大桥遗址

“八一”南昌起义涂埠大桥遗址位于江西省九江市永修县城涂埠镇新兴社区，曾横跨修河连接新老城，是南浔铁路必经之路。20 世纪 90 年代京九铁路改道，桥体被拆除，仅存遗址。涂埠大桥建于民国初年，具有光荣的革命传统。1927 年“八一”起义前夕，国民党反动派曾炸毁铁桥，妄图阻止起义军通过，在这危急关头，英雄的永修人民与铁军一起连夜抢修大桥，使南昌起义成功打响第一枪。涂埠大桥遗址对于研究南昌起义及民国铁路桥梁修建工艺具有重要参考价值。

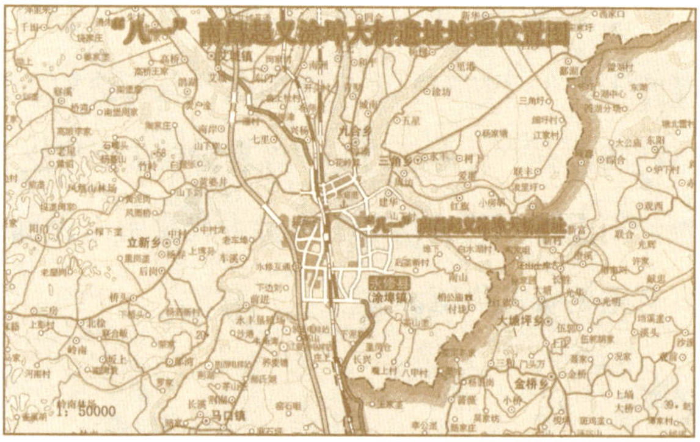

“八一”南昌起义涂埠大桥遗址地理位置图

“八一”南昌起义涂埠大桥遗址

# 永修县革命烈士纪念塔

永修县革命烈士纪念塔位于江西省九江市永修县城涂埠镇同心社区（修河岸边），建于中华人民共和国成立初期，砖石结构，水泥涂面，正面写有“永修县革命烈士纪念塔”十个金光闪闪的正楷字，塔体高达10米，周边种有青松翠柏，庄严肃穆。纪念塔主要纪念为共和国建立而牺牲的永修籍烈士，是一处重要的爱国主义教育基地，具有较高的保护价值。

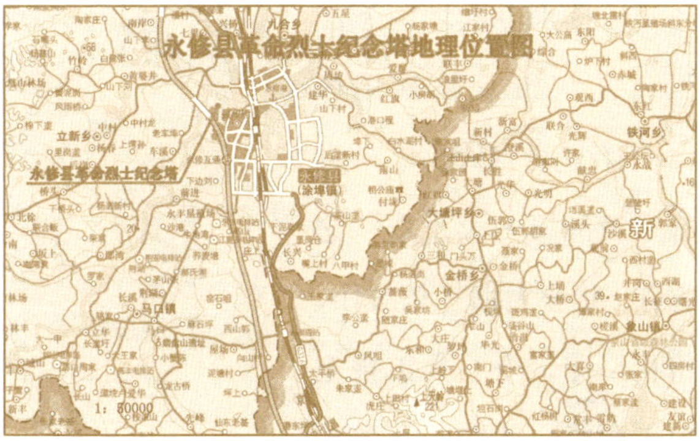


永修县革命烈士纪念塔地理位置图

永修县革命烈士纪念塔

# 柘林水电大坝

柘林水电大坝地理位置图

柘林水电大坝

柘林水电大坝位于江西省九江市永修县柘林镇，始建于1958年，素有“亚洲第一大土坝”之誉称。整座大坝气势雄伟，结构坚固，全系人工挑土堆筑而成，体现了我国劳动人民伟大的创造力量，也展示了新中国社会主义建设的辉煌成就。柘林水电大坝属珍贵的工业文化遗产，在江西是首屈一指的。它对研究探讨我国电力工业的发展历史，特别是土坝科学保护技术研究具有重要价值。2011年，江西省人民政府将其列入第三次全国文物普查全省百大新发现之一。

知识链接：

# 柘林水电大坝

修河为中国第一大淡水湖鄱阳湖水系五大支流之一。发源于湘、鄂、赣边境幕阜山系的黄龙山，干流由西向东自铜鼓县境，流经修水、武宁、永修等县，至永修吴城镇注入鄱阳湖，全长300多公里。

全省百大新发现——柘林水电大坝

修河流域位于江西省西北部地区，北、西、南三面为高山环绕。流域近似矩形，呈西高东低之势，水资源丰富。流域面积14793平方公里。

修河流域属亚洲东南季风气候区。主要气候特征为夏半年（4月—9月）从太平洋向北的暖湿气流，与自北南下的干冷气流交汇，形成大量降雨；冬半年（10月—次年3月）降雨较少，且雨量小。

修河流域的地质构造为：西北部位于下扬子坳陷褶皱带中的大冶褶断束，中部为下扬子坳陷褶皱带中的鄂东修水坳陷褶皱束，北部和南部为江南地轴中段的九岭隆起带。

解放前，修河水患频繁，灾害肆行。20世纪50年代全民大办水利运动，大型水库纷纷上马建设，这些工程不仅为了防洪，同时能够用于灌溉、发电，在综合开发利用方面取得了重大进展。

1958年，柘林水电大坝开工建设。十余万名劳动大军，响应国家号召，发扬艰苦奋斗的精神，靠肩挑手抬，至1975年，建起了号称“人间奇迹”的大坝。

柘林水利枢纽工程主坝区域内，主要岩层为泥质、砂质板岩及燧石夹硅质页岩。其地貌为一长约700米的峡谷，位于修水构造盆地东端的柘林峡谷内，左岸鲫鱼山，右岸猴子岩，两山对峙，形成天然隘口。

柘林水电大坝原为黏土心墙土石坝，后在黏土心墙中增建一道28300平方米的砼防渗墙。立面呈梯形，南北长，东西短。坝顶海拔高程73.5米，最大坝高63.5米，坝顶长590.75米，宽6米。上游坝坡为1∶2.65—1∶3.25，下游坝坡为1∶2.25—1∶3.00。上、下游坝坡分别在不同高程设有不等宽度的平台。坝顶上游面设置1.45米高的砼防浪墙。心墙填筑在基岩上，其基础处理分别采用水泥灌浆帷幕和在心墙前端建黏土短铺盖的型式。右坝头以黏土铺盖包头型式与山体衔接，左坝头用砼刺墙插入心墙的型式与引水系统进水闸相连接。坝壳利用开挖土石废碴及附近砂砾料填筑，下游坝壳与心墙之间，设砂料过渡带，并在河床段设置堆石排水棱体。在0＋443.42处，坝基在施工前期设有12.2米×9米具有抛物线形顶拱直墙式砼导流涵管。涵管与大坝斜交轴线夹角58° 02′ 06″。管长270米。该管在大坝施工初期作导流用，关闸蓄水后，在主坝黏土心墙底下的管段用砼封堵，长度为51米，封堵段以后的管身则全部用砂砾石回填。

柘林水电大坝本体状况保存完好。

# 郭坂遗址

郭坂遗址位于江西省九江市永修县白槎镇郭坂村小学东侧 200 米处，属商至西周时期遗址，面积 3000 平方米，文化层厚约 10 米。遗址是一个 60 米 ×50 米左右的梯形山包，采集有方格纹、网纹、回形纹陶片。

该遗址对于研究永修商周历史具有一定参考价值。

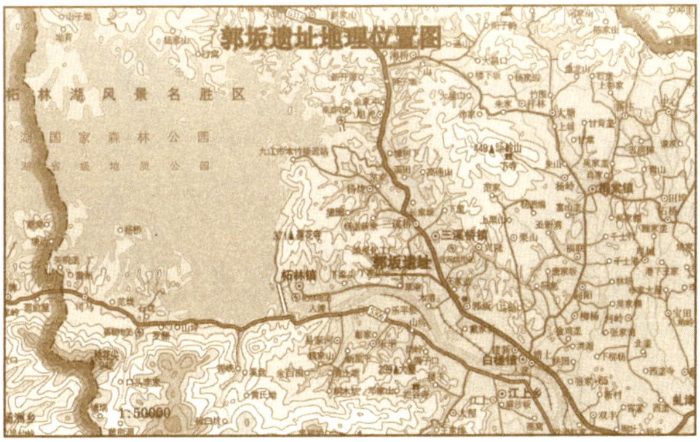


郭坂遗址地理位置图

郭坂遗址

# 下城“文革”标语

下城“文革”标语位于江西省九江市永修县柘林镇易家河村下城林场李荣华家（屋内）。书写于20世纪六七十年代。现见有纸本手写体标语5件，每件60厘米×40厘米。该标语对于探讨“文革”时期历史具有一定参考价值。

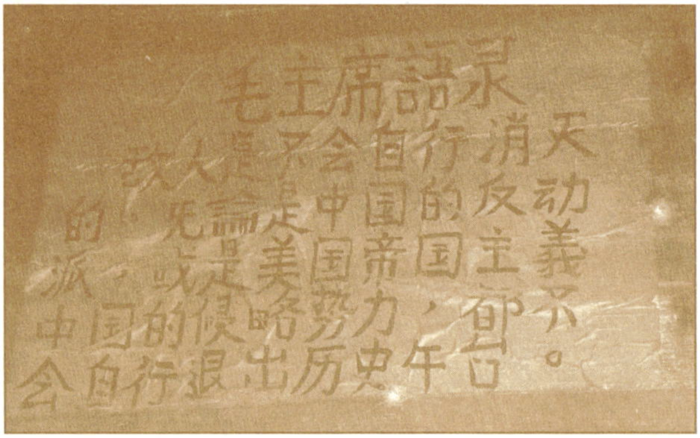


下城“文革”标语

下城“文革”标语地理位置图

# 周公殿庙

周公殿庙

周公殿庙位于江西省九江市永修县柘林镇易家河村下城林场，是清末建造的砖木结构的小型庙堂建筑，坐南朝北，面阔 8 米，进深 6 米，占地面积 48 平方米。一进式一开间，青砖外墙，屋面是前、后两披的土瓦盖顶，内部是四柱三间的抬梁式木架构。周公殿庙对研究清代末期的民间习俗具有一定参考价值。

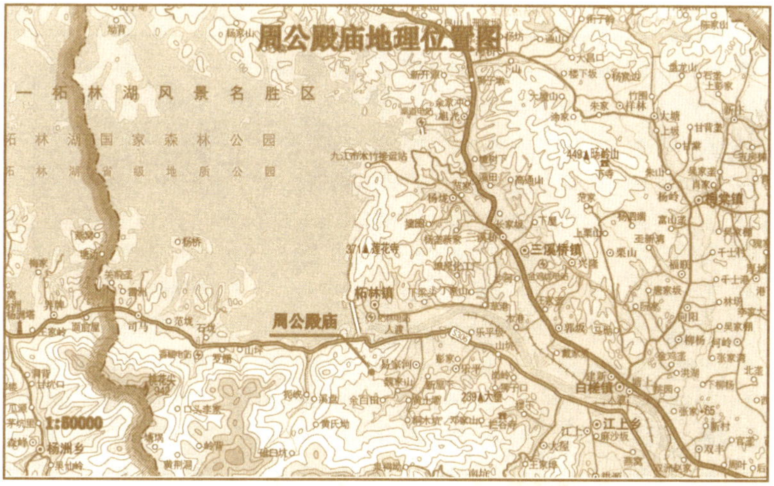


周公殿庙地理位置图

# 板家坳拱桥

板家坳拱桥

板家坳拱桥位于江西省九江市永修县柘林镇易家河村下城林场板家坳村民小组西约500米处。始建于清代，桥墩和桥拱均由麻石和鹅卵石垒堆而成，为麻石条桥面（现桥面铺上水泥）。长4米，宽1.5米，高3米。该桥对于考证当地历史进程具有一定参考价值。

板家坳拱桥地理位置图

# 上屋古井

上屋古井

上屋古井（乾隆古井）位于江西省九江市永修县三溪桥镇三溪桥村上屋村民小组。该村始建于清代，现代曾重修。砖砌井壁，井沿与地平，呈椭圆形，短直径2.35米，长直径2.8米，高0.9米。井旁有一水池，呈不规则圆形，横直径2.9米，竖直径3米，高0.75米。井前竖有青石碑刻，记载该井为清乾隆五十六年（1791）建造。该井对于研究古代三溪桥民风、民俗具有一定参考价值。

上屋古井地理位置图

# 沙河渡槽

沙河渡槽位于江西省九江市永修县三溪桥镇三溪桥村沙河村民小组，长3000米，宽3米，钢筋水泥建筑。该渡槽为20世纪60年代中期建造，是那一特殊历史时期重要见证物，对于探讨水利设施建设历史具有重要参考价值。

沙河渡槽

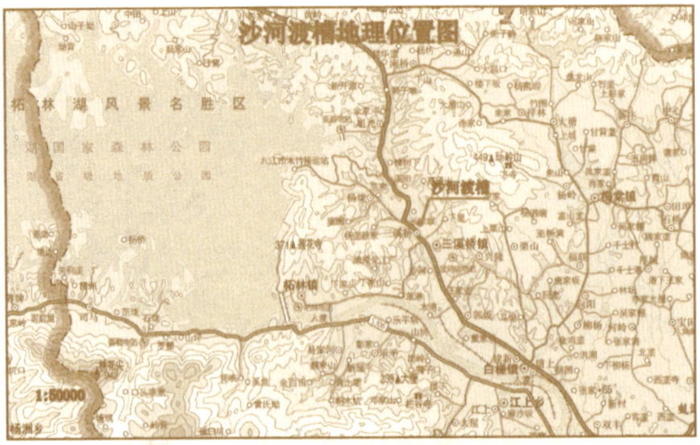


沙河渡槽地理位置图

# 三溪桥

三溪桥位于江西省九江市永修县三溪桥镇三溪桥村。始建于清代，于1973年重修，是316国道重要桥梁。2000年316国道改道，桥旁又建一座新桥，该桥遂逐步荒废不用。现桥墩为麻（片）石垒砌而成，桥面为预制水泥面，两边有护栏。长32米，宽7.5米，高4米，护栏高1米。该桥对于考证三溪桥镇历史具有重要参考价值。

三溪桥

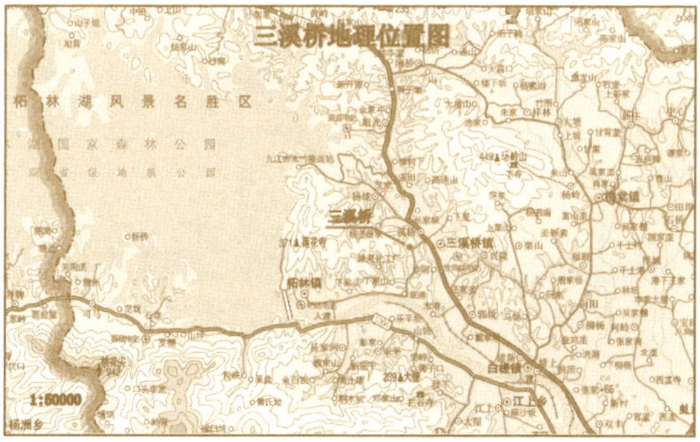


三溪桥地理位置图

# 彭氏祠堂

彭氏祠堂位于江西省九江市永修县三溪桥镇杨垅村，是清代末期建造的砖木结构的民居建筑。坐北朝南，面阔12米，进深（残）13米，高8米，建筑面积156平方米。青砖外墙，硬山屋顶。原为二重进，现仅存前堂部分，两边有厢房和回廊。外结构顶部四周有彩绘纹饰，红石质门框，门头上有门罩，两边各有一个木制窗户，东西两侧各有一个拱形门。该建筑对于研究明清祠堂建造格局有一定参考价值。

彭氏祠堂

彭氏祠堂地理位置图

# 新武“文革”“忠”字牌匾

新武“文革”“忠”字牌匾位于江西省九江市永修县三溪桥镇杨垅村新武村民小组。该牌匾在一普通农家土坯房门上，水泥制底，上并排用黄色油漆书写三个“忠”字，宽1米，高0.45米。该门匾对于研究“文革”时期历史具有一定参考价值。

新武“文革”“忠”字牌匾

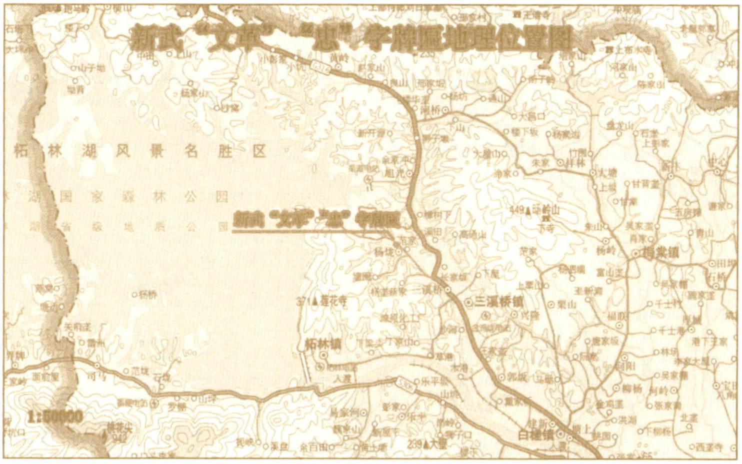


新武“文革”“忠”字牌匾地理位置图

# 杨垄附坝

杨垄附坝

杨垄附坝位于江西省九江市永修县三溪桥镇杨垅村，是土石和钢混结构的现代水利设施，坐西朝东，占地面积约10000平方米。该附坝于1958年始建，主体为钢混水坝，由七孔泄洪闸组成，坝顶两侧设护栏，坝体南、北两侧为土坝，水位高差约20米，可发电。该附坝对研究“大跃进”时期的水利建设工程及规划有一定的参考价值。

杨垄附坝地理位置图

# 邹熊氏墓葬

邹熊氏墓葬位于江西省九江市永修县三溪桥镇旭光村陶家村民小组，年代为明末清初，是当地邹氏先祖熊氏夫人墓，该墓堆土为坟，封土堆直径约5米，高约1.5米。墓碑用青石刻制，高1.5米，宽0.75米，坐东向西。该墓葬对研究明代末期的葬俗有参考价值。

邹熊氏墓葬

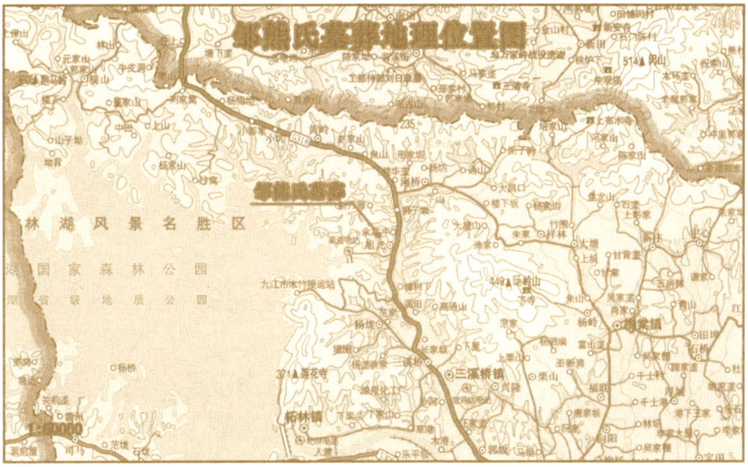


邹熊氏墓葬地理位置图

# 陶公永十二朝墓

陶公永十二朝墓位于江西省九江市永修县三溪桥镇旭光村陶家村民小组，是明宣德元年（1426）陶氏先祖墓葬。堆土为坟，封土堆直径约4米，高约1米。墓碑用青石刻制，高约0.5米，主体铭文为：“明故陶公永十二朝墓”。落款为“宣德元年”。墓向朝东。该墓对研究明中期葬俗有参考价值。

陶公永十二朝墓

陶公永十二朝墓地理位置图

# 旭光渡槽

旭光渡槽位于江西省九江市永修县三溪桥镇旭光村，是20世纪70年代初建造的水泥预制和钢混结构的现代水利设施。渡槽呈东西走向，共十一跨，每跨宽15米，全长1165米。渡槽截面呈“U”形，宽2米，深1.5米。对研究“文革”时期的水利规划和建设具有参考价值。

旭光渡槽

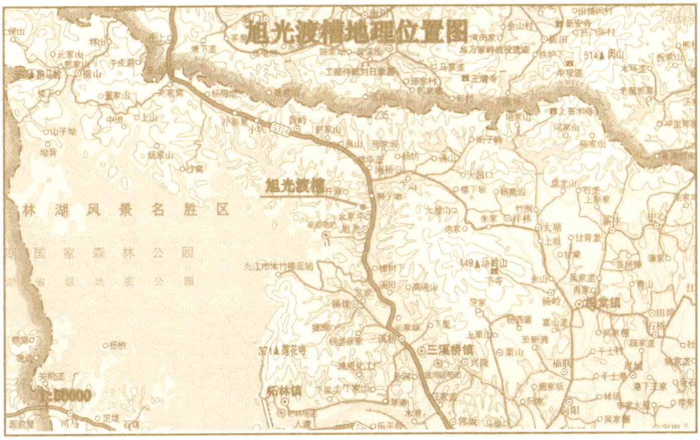


旭光渡槽地理位置图

# 渠首电站及三附坝

渠首电站及三附坝

渠首电站及三附坝位于江西省九江市永修县三溪桥镇旭光村周山村民小组。归属江西省电力公司柘电公司，建于20世纪50年代末，由电站大楼、土坝构成。电站上部为砖混结构，下部为钢混结构，坐东南朝西北，地面建筑长20米，宽8米。三附坝为钢混结构，部分没入水中，占地面积20平方米。渠首电站及三附坝对研究新中国的水利设施建设和规划布局具有参考价值。

渠首电站及三附坝地理位置图

# 陶纯云墓

陶纯云墓

陶纯云墓位于江西省九江市永修县三溪桥镇旭光村陶家村民小组，为清道光戊戌年（1838）建造的普通墓。该墓堆土为丘，高约1.3米，直径约4米，墓向朝南，青石质墓碑，对研究清中晚期葬俗具有一定参考价值。

陶纯云墓地理位置图

# 袁家石拱桥

袁家石拱桥位于江西省九江市永修县三溪桥镇横山村袁家村民小组。是清代中、晚期建造的全石结构的单拱石桥。东西纵向长5.5米，宽3.2米，用花岗岩起券成单拱，枯水期时桥面距水面约2.8米。该桥对研究清代石拱桥建造具有参考价值。

袁家石拱桥

袁家石拱桥地理位置图

# 曹村张宅“文革”标语

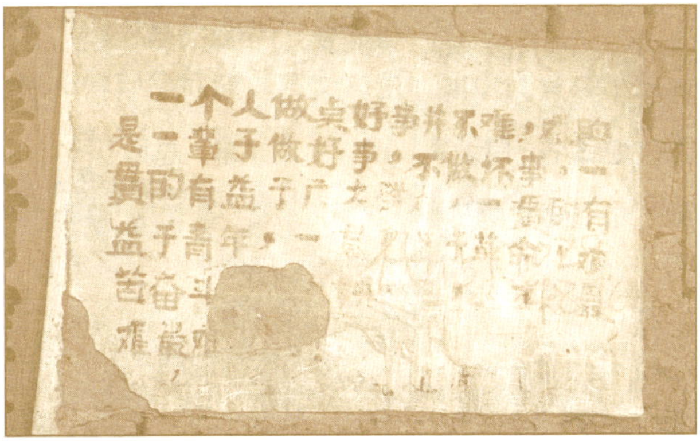


曹村张宅“文革”标语

曹村张宅“文革”标语位于江西省九江市永修县三溪桥镇河桥村曹家村民小组张庆友家中，是“文革”期间（1969）在砖墙上粉白底制作的标语牌，用墨字书写毛主席语录。每块宽0.8米，高0.5米，单块面积0.4平方米，现有三块。该标语是研究“文革”特定历史时期的重要实物资料。

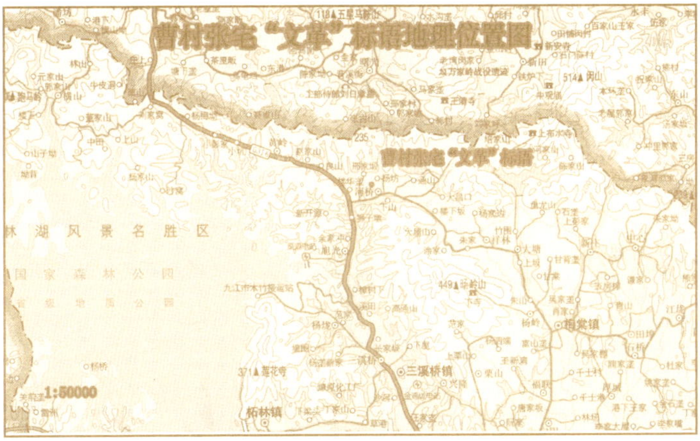


曹村张宅“文革”标语地理位置图

# 曹村黄宅“文革”标语

曹村黄宅“文革”标语位于江西省九江市永修县三溪桥镇河桥村曹家村民小组黄品山家，是“文革”期间书写在砖墙白底上的手写标语。标语为白地墨书，白地宽1.2米，高3米，总面积3.6平方米。该标语是研究“文革”的重要实物资料。

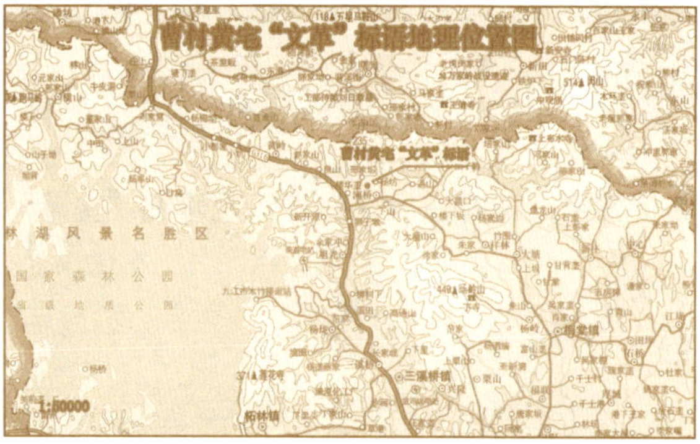


曹村黄宅“文革”标语地理位置图

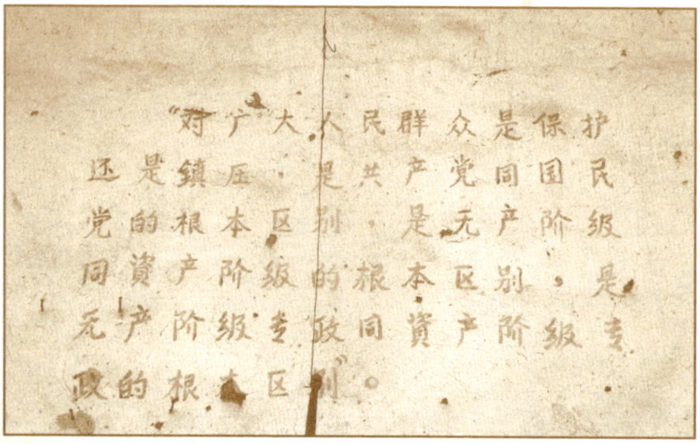


曹村黄宅“文革”标语

# 邹家古屋

邹家古屋位于江西省九江市永修县三溪桥镇河桥村新河村民小组邹斗星家，是清代末期建造的砖木结构的民居建筑，坐东朝西，面阔 12 米，进深 15 米，占地面积 180 平方米。青砖外墙，硬山屋顶，内部为两进两天井，四柱三间穿斗式木架构。前天井两侧厢房二层有绣楼回廊。木构件多雕花，纹饰精美，主要图案为神兽、花鸟等。该建筑是研究清末江西民居建筑的重要实物资料。

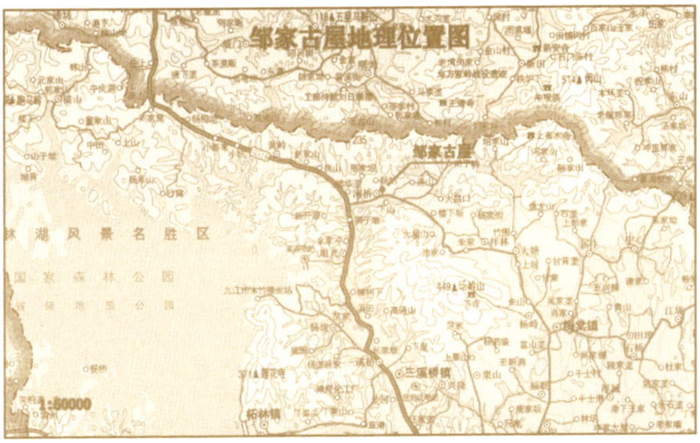


邹家古屋地理位置图

邹家古屋

# 河桥公议碑

河桥公议碑位于江西省九江市永修县三溪桥镇河桥村河桥村民小组。是清咸丰七年（1857）村中立下的“规章制度”刻碑。碑体为青石质，高1.55米，宽0.7米，碑刻内容是针对村内事务的一些具体规定。该碑对研究村规民俗有一定参考价值。

河桥公议碑

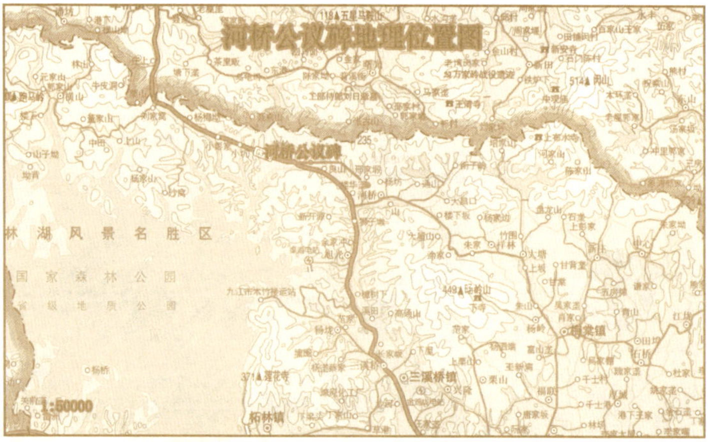


河桥公议碑地理位置图

# 曹家石拱桥

曹家石拱桥

曹家石拱桥位于江西省九江市永修县三溪桥镇河桥村曹家村民小组。是清代早期建造的麻石质单孔石桥，呈南北走向，长5米，宽3.5米，占地面积17.5米。该桥用麻石起券成单拱，拱高3.5米，拱形规整，石块咬合密实。该桥对研究清代早期民间建桥工艺具有一定参考价值。

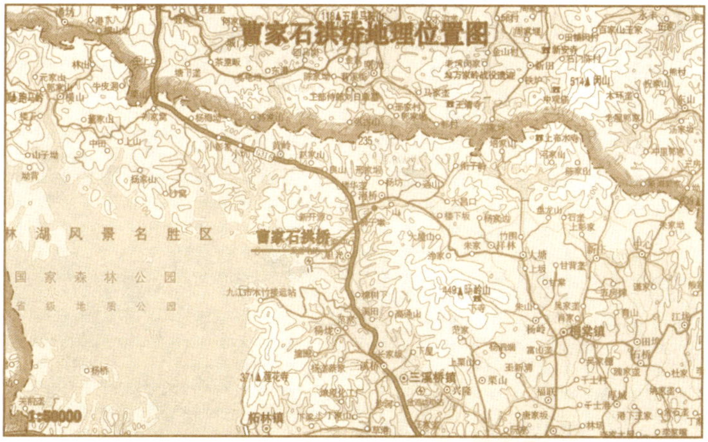


曹家石拱桥地理位置图

# 杜家村土地庙

杜家村土地庙

杜家村土地庙位于江西省九江市永修县梅棠镇石桥村杜家村民小组。属清代始建的砖石结构宗教建筑，1983年修葺，坐西朝东，面宽1.9米，深2.1米，高2.1米。土地庙两侧为八字形边墙，开中门，内外墙面均水泥外粉。内部中置祭台，常有民众祭拜。该庙对研究地方民风民俗具有一定参考价值。

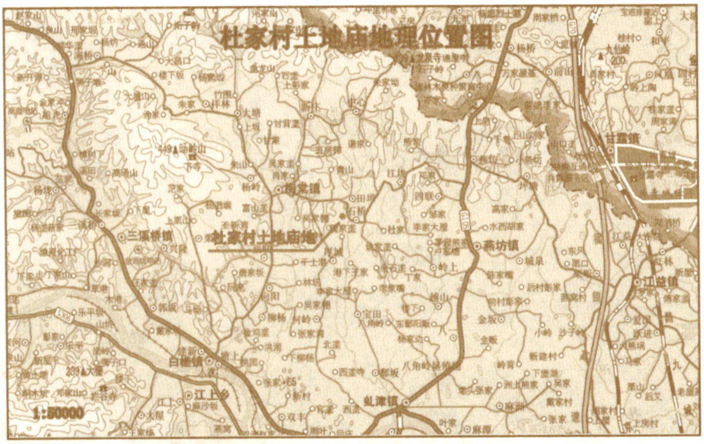


杜家村土地庙地理位置图

# 石桥麻石组桥

石桥麻石组桥位于江西省九江市永修县梅棠镇石桥村麻石村民小组，是清代末期建造的全石结构的单拱石桥，东西走向，长13米，宽1.7米，距水面1.2米。该桥用麻石起券成单拱，制作略显粗糙。该桥对于研究当地建桥工艺具有一定参考价值。

石桥麻石组桥

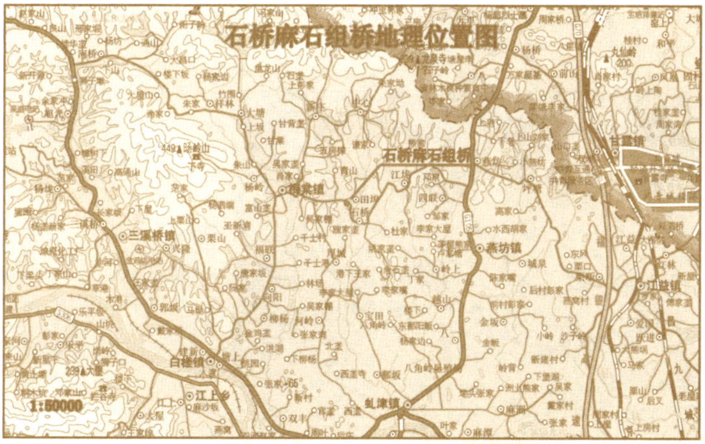


石桥麻石组桥地理位置图

# 石桥村石桥

石桥村石桥位于江西省九江市永修县梅棠镇石桥村石桥村民小组。是清代建造的五墩六孔石梁桥，东西走向，面积为 43 平方米。该桥桥墩用麻石砌筑，中间 3 墩，共 5 墩，迎水方向尖状。每墩长 2.8 米，宽 1.5 米，墩上架 12 根麻石条，共宽 1.6 米。桥面距水面 1.4 米。该桥是研究清代江西建桥历史的重要实证。

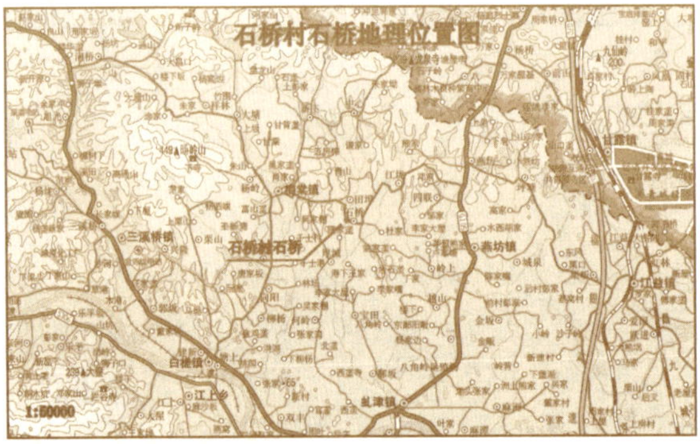

石桥村石桥地理位置图

石桥村石桥

# 田埠桥

田埠桥位于江西省九江市永修县梅棠镇田埠村团结村民小组，是清代中期建造的四墩五跨石桥，东西走向，全长 14.5 米，桥面宽 1.1 米，距水面 0.85 米。该桥 4 个桥墩均用麻石砌筑，南北两端成尖状，桥面用 9 根麻石条铺就。该桥是研究清代江西建桥史和建桥工艺的重要实物资料。

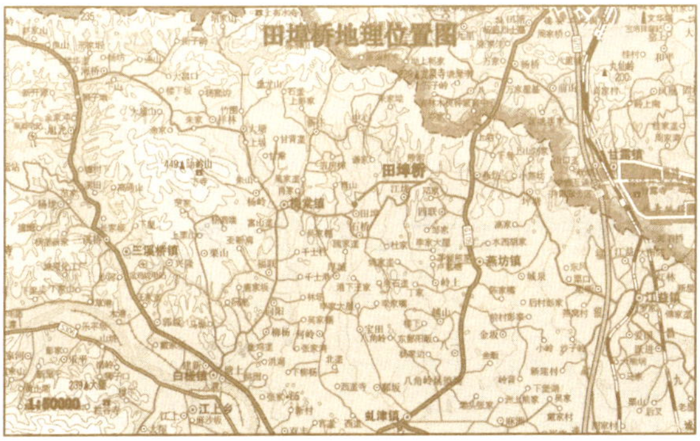

田埠桥地理位置图

田埠桥

# 大坪渡槽

大坪渡槽位于江西省九江市永修县梅棠镇大坪村。是1959年建造的钢混连体渡槽，东西走向，全长760米，共38跨，每跨20米，槽面最高点距地面18.8米。渡槽截面呈“U”形，宽5.1米，深3.1米，两侧可走人，并有铁栏杆，高1.2米。该渡槽对研究“大跃进”时期的水利规划和建造工艺具有重要参考价值。

大坪渡槽

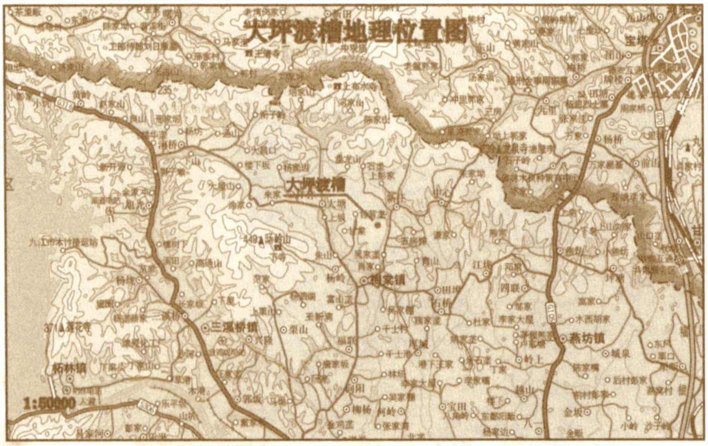


大坪渡槽地理位置图

# 千士石桥

千士石桥

千士石桥位于江西省九江市永修县梅棠镇大坪村千士村民小组。是清代晚期建造的石结构五墩四孔石桥，东西走向，全长 20.7 米，桥面宽 1.1 米，水中为 5 个石砌桥墩，均由麻石砌筑，墩上每纵列架 3 根花岗石条（梁），其中两孔原桥的石梁已毁，新架了更厚实的石梁。该桥对于研究清代赣北地区桥梁建造工艺具有参考价值。

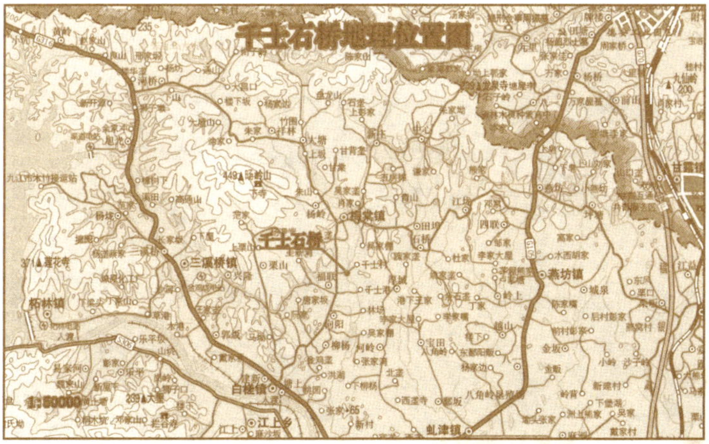


千士石桥地理位置图

# 吴毓彩及其族人墓

吴毓彩及其族人墓

吴毓彩及其族人墓位于江西省九江市永修县梅棠镇新庄村雷家坊村民小组田边。吴毓彩墓是清乾隆年间大学士吴毓彩的墓葬，堆土为坟，封土残高 1.2 米，墓碑朝南，青石材质。清故显妣吴母李老孺人墓为清同治年间的一座普通土丘墓，封土高 0.2 米，墓碑高 1.2 米，宽 0.7 米，青石板材质，坐北朝南，墓葬直径约 2 米。吴毓彩及其族人墓对研究吴毓彩其人及清代民间葬俗具有一定参考价值。

吴毓彩及其族人墓地理位置图

# 雷代炳古宅

雷代炳古宅

雷代炳古宅位于江西省九江市永修县梅棠镇新庄村雷家村民小组，由雷发达后人雷代炳居住，是清乾隆五十六年（1791）建造的砖木结构的民居建筑。坐北朝南，面阔 12 米，进深 15 米，占地面积 180 平方米。青砖外墙，内部为四柱三间，两进一天井，穿斗式木架构，枋间素面，正堂露明造，花门雕刻精美。该古宅对研究清中期民居建筑具有重要参考价值。

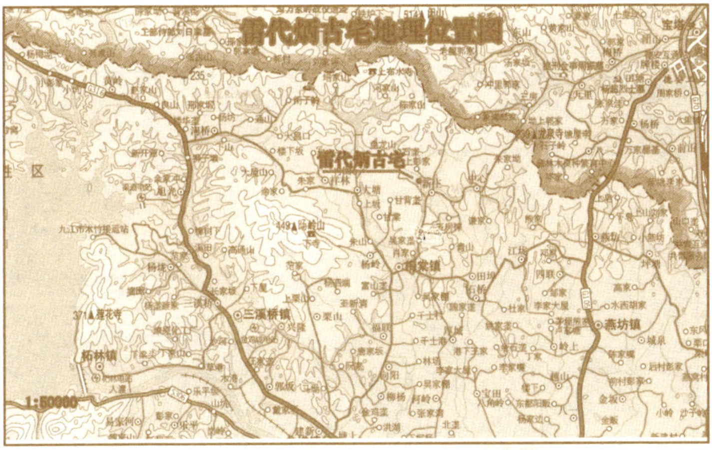


雷代炳古宅地理位置图

# “如松之茂”石刻

“如松之茂”石刻位于江西省九江市永修县梅棠镇新庄村雷家村民小组，在农户郑先义家大门前1米处。清代，隶书，阴刻，长1.85米，宽0.38米。该石刻对于考证雷家组与清宫巨匠雷发达之间的历史渊源具有一定参考价值。

“如松之茂”石刻

“如松之茂”石刻地理位置图

# 雷氏族人墓群

雷氏族人墓群

雷氏族人墓群位于江西省九江市永修县梅棠镇新庄村雷家坊村民小组张家山，共有6座墓葬（雷门邹老孺人墓、雷公明墓、雷超万墓、雷作谋墓、雷母邹老孺人墓和雷母彭老孺人墓），均为清同治、咸丰年间的普通土葬墓，坐东面西，堆土为坟，每座墓占地面积约3平方米。该墓群对考证清代中晚期墓葬制度有一定参考价值。

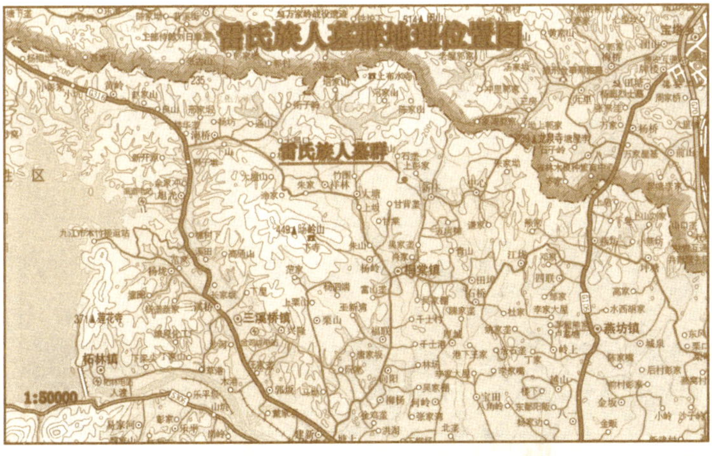


雷氏族人墓群地理位置图

# 彭家桥

彭家桥位于江西省九江市永修县梅棠镇梅棠村彭家村民小组北侧，是清末建造的两墩三跨石桥，东西走向，总占地约10平方米。桥面是两条麻石，总长8.1米，宽0.7米，桥下两墩为花岗岩砌筑，桥面至水面1.2米。

彭家桥

该桥对于研究清代地方桥梁建造具有一定参考价值。

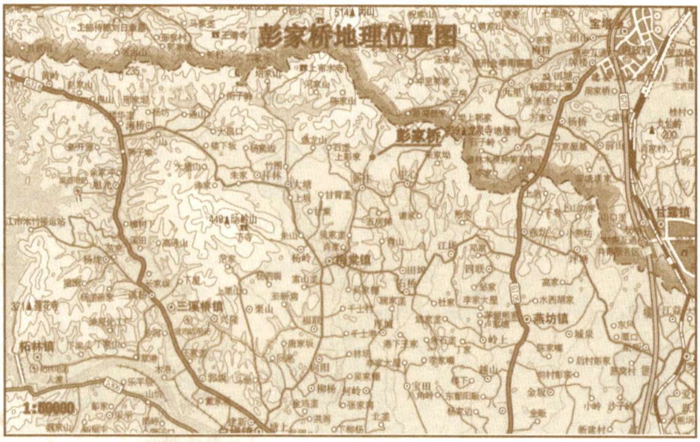


彭家桥地理位置图

# 邹氏宗祠牌楼

邹氏宗祠牌楼位于江西省九江市永修县梅棠镇杨岭村甘棠村民小组西侧约30米处，是民国早年建造的砖石结构的村庄总门楼，坐南朝北，总宽6.9米，进深1.6米，高5米，占地面积约11米。牌楼正面呈阶梯式八字形，青砖砌筑，灰瓦盖顶。该牌楼对研究民国早期的砖石牌楼建造模式具有一定参考价值。

邹氏宗祠牌楼

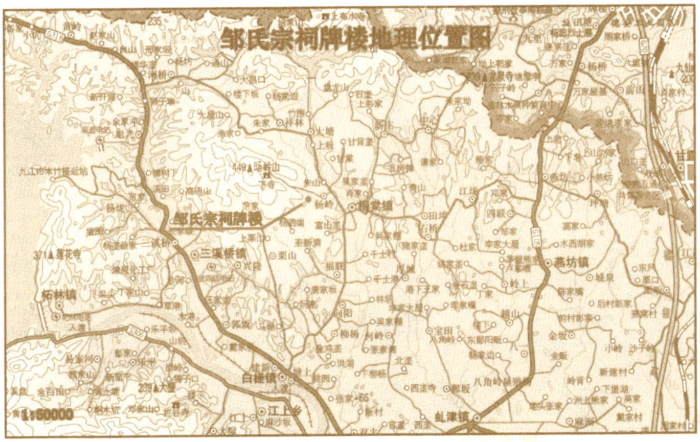


邹氏宗祠牌楼地理位置图

# 邹氏族人墓群

邹氏族人墓群

邹氏族人墓群位于江西省九江市永修县梅棠镇杨岭村甘棠村民小组东侧的小山上，由故妣邹门吴氏老孺人墓、邹门李氏墓、邹门吴氏墓和邹为仁墓等组成，是清康熙至道光年间的普通土葬墓，坐东面西，堆土为坟，每座墓占地面积约3平方米。该墓对考证清康熙至道光年间的江西墓葬有一定参考价值。

邹氏族人墓群地理位置图

# 甘棠泄洪桥

甘棠泄洪桥位于江西省九江市永修县梅棠镇杨岭村甘棠村民小组，是1966年建造的六墩七跨水泥桥。东西走向，全长23米，宽1.56米，用于拦水和泄洪，属于小水利工程，对调节当地水位有一定作用。该桥是研究同时期水利设施的重要实物资料。

甘棠泄洪桥

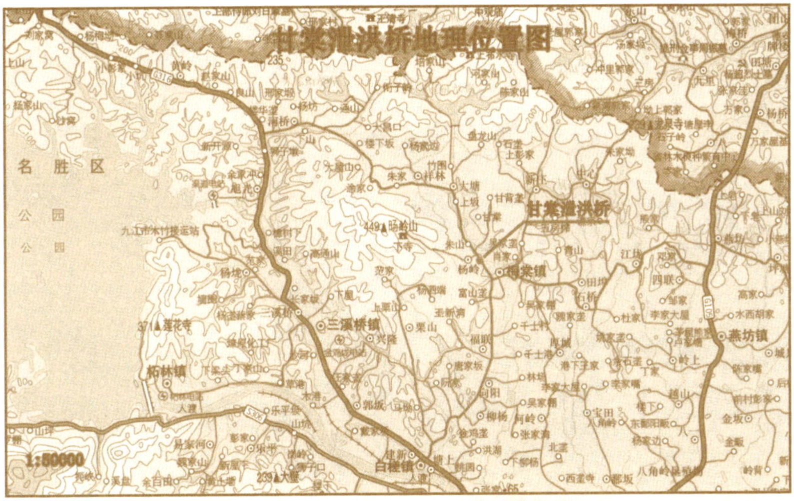


甘棠泄洪桥地理位置图

# 梅棠彭家桥

梅棠彭家桥位于江西省九江市永修县梅棠镇梅棠村彭家村民小组以西约 100 米处，是清末用花岗岩建造的三墩四跨石桥。东西走向，全长 11 米，桥面宽 0.85 米，桥面距水面 1.1 米。该桥是研究清末桥梁建造史的重要实物资料。

梅棠彭家桥地理位置图

梅棠彭家桥

# 童家湾石拱桥

童家湾石拱桥位于江西省九江市永修县梅棠镇杨岭村童家湾村民小组，是清代晚期建造的单拱石桥。该桥呈东西走向，长 3.2 米，宽 1.7 米，桥面距水面 2 米，桥拱东西长 2.8 米。该桥对于研究清代晚期江西建桥特点具有一定参考价值。

童家湾石拱桥地理位置图

童家湾石拱桥

# 寡妇桥

寡妇桥

寡妇桥位于江西省九江市永修县梅棠镇杨岭村中盘村民小组，是清末建造的单拱麻石桥，东西走向，全长 4.2 米，宽 2.8 米， 高 2.3 米，桥拱东西长 2.92 米，拱内高 1.8 米。该桥对于研究清代江西建桥历史和工艺具有一定参考价值。

寡妇桥地理位置图

# 苦慧禅寺

苦慧禅寺位于江西省九江市永修县梅棠镇杨岭村杨岭村民小组，始建于宋代，现寺庙是近年在原址上重建的建筑。坐西面东，青砖墙面，铁瓦盖顶，南北宽10.9米，东西深7.2米，瓦檐高5.6米，占地面积近80平方米。该寺对研究永修宗教发展具有一定参考价值。

苦慧禅寺

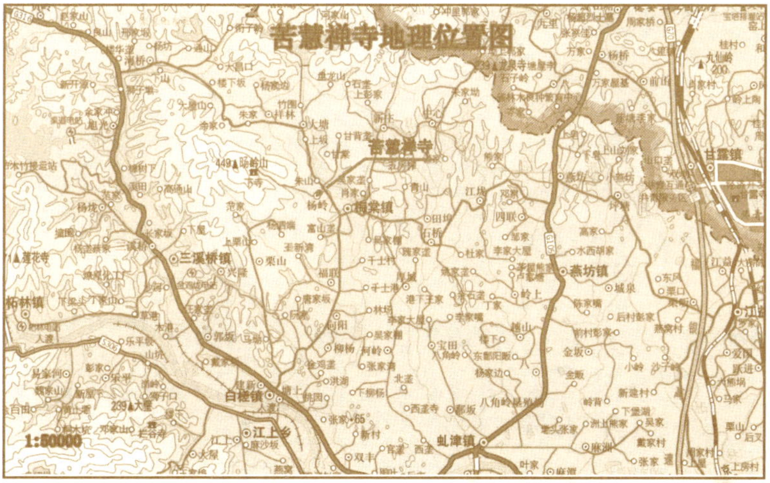


苦慧禅寺地理位置图

# 赵家祖屋

赵家祖屋位于江西省九江市永修县梅棠镇新庄村雷家村民小组，是清末建造的砖木结构民居建筑。该建筑坐西朝东，面宽 10 米，进深 12 米，内部为四柱三间穿斗式木架构，露明造法。赵家祖屋对研究清末民居建筑具有一定参考价值。

赵家祖屋

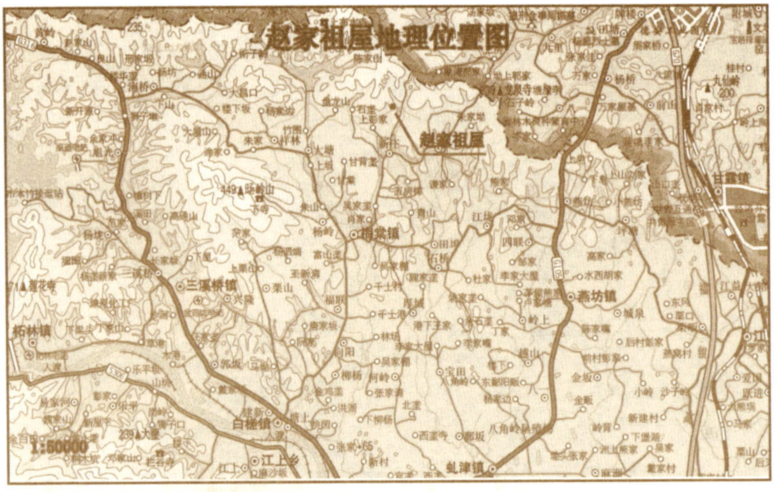


赵家祖屋地理位置图

# 吴氏民居

吴氏民居位于江西省九江市永修县梅棠镇大塘村山口村民小组，是清代晚期建造的砖木结构民居建筑，坐北朝南，宽 11.6 米，深 12.6 米，占地面积约 146 平方米。内部为四柱三间穿斗式木架构。该民居是研究清末江西民居建筑的实物资料。

吴氏民居

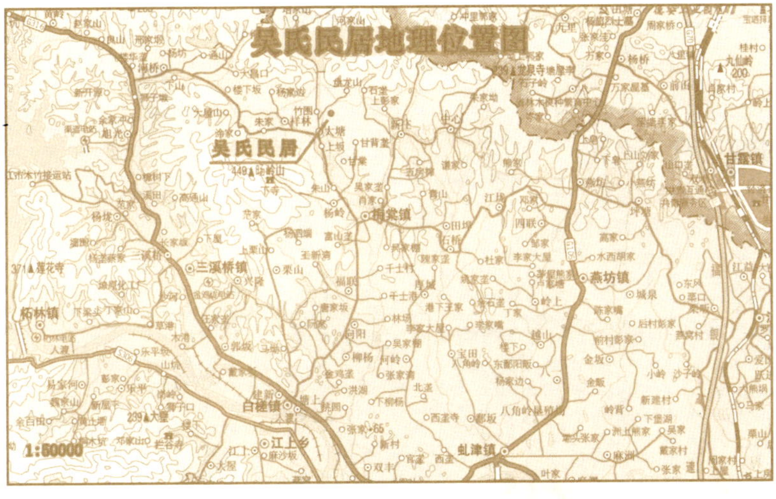


吴氏民居地理位置图

# 枹桐水库大坝

枹桐水库大坝位于江西省九江市永修县梅棠镇大塘村，大坝为1958年建的水利设施，东西走向，坝体为土堆积而成。坝面宽约5米，坝底宽约18米，全长70米，占地面积约1260平方米。大坝中部的闸口系混凝土浇筑。坝面南面坡度平整，下部垒有石块护坡。该坝是研究“大跃进”时期水利建设的重要实物资料。

枹桐水库大坝地理位置图

枹桐水库大坝

# 兴泉桥

兴泉桥位于江西省九江市永修县白槎镇柳杨村兴泉村民小组，是清代晚期建造的四墩三跨石桥，南北走向，全长11.3米，桥面宽0.7米，高2.4米。桥墩为红石砌筑，两头呈菱形，桥面用2路长条麻石铺就。该桥对研究古代桥梁建筑具有一定参考价值。

兴泉桥地理位置图

兴泉桥

千年遗珍

# 张湾桥

张湾桥位于江西省九江市永修县白槎镇柳杨村张家湾村民小组，是清末建造的四墩三跨石桥，南北走向，全长 19.5 米，宽 1.15 米，桥面至水面 0.45 米，占地面积约 22.5 平方米。该桥对研究古代桥梁建设具有一定参考价值。

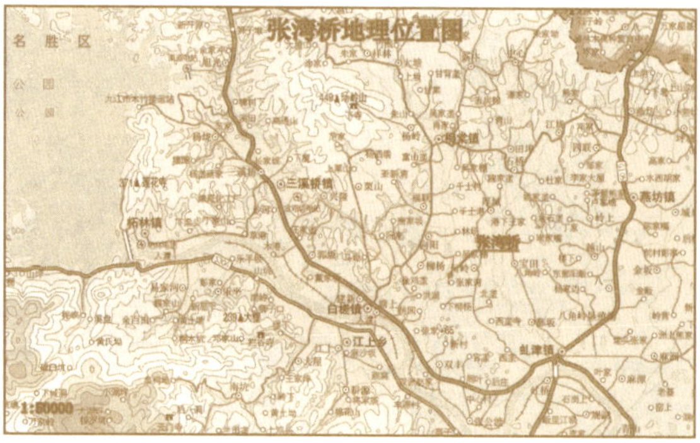

张湾桥地理位置图

张湾桥

# 梅棠水库大坝

梅棠水库大坝位于江西省九江市永修县白槎镇福联村王家湾村民小组东面约 200 米，是 1959 年建成的全土筑大坝，东西走向，全长 1000 米，坝顶宽约 12 米，底宽约 30 米，占地面积约 3 万平方米。北侧拦水即为梅棠水库。该大坝对研究“大跃进”时期的水利建设及其工艺具有一定参考价值。

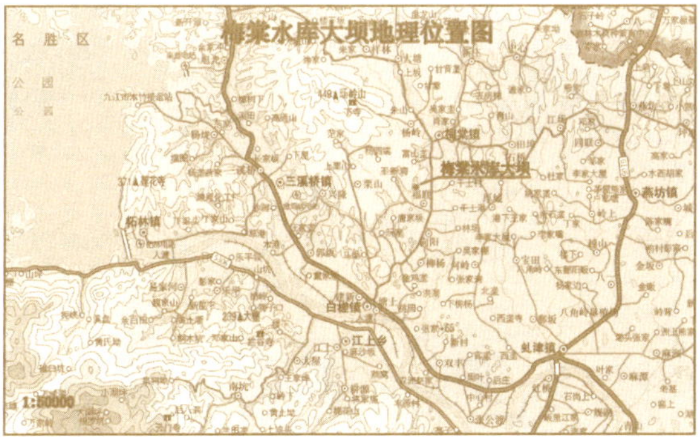


梅棠水库大坝地理位置图

梅棠水库大坝

千年遗珍

# 向阳桥

向阳桥位于江西省九江市永修县白槎镇向阳村向阳村民小组，是 1968 年建造的混凝土双拱石桥，东西走向，全长 28 米，宽 5.6 米，桥面距水面 4 米，占地面积近 157 平方米。桥体用花岗岩砌筑，两边筑混凝土栏杆。该桥对研究同时期建桥技术具有一定参考价值。

向阳桥地理位置图

向阳桥

# 向阳石拱桥

向阳石拱桥位于江西省九江市永修县白槎镇向阳村向阳村民小组，是清末建造的单拱石桥，南北走向，全长 3.7 米，宽 0.8 米，高 1.35 米，占地面积约 3 平方米。该桥对研究清末建桥工艺具有一定参考价值。

向阳石拱桥地理位置图

向阳石拱桥

# 石岗桥

石岗桥位于江西省九江市永修县白槎镇向阳村石岗村民小组，是清末建造的五墩六跨石桥，南北走向，全长21.8米，3路长条麻石铺成的桥面共宽1米，距水面高1米，占地面积近22平方米。该桥是研究清末江西建桥工艺的重要参考资料。

石岗桥

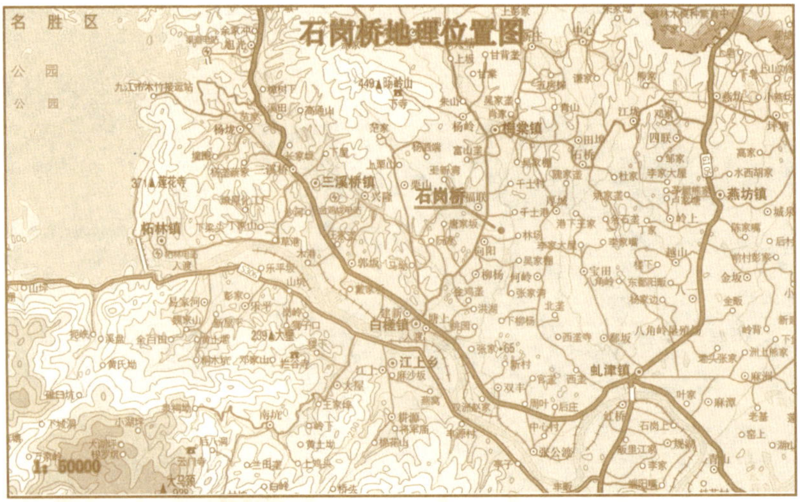


石岗桥地理位置图

# 农机车库旧址

农机车库旧址

农机车库旧址位于江西省九江市永修县白槎镇塘上村，是1965年建造的停车库房，共20间同样规格的车库。车库坐北朝南，青砖砌筑，混凝土券拱。每间宽3.8米，深5米，拱部高点距地面3.7米，总占地面积380平方米。该旧址是研究同一时期农机建筑设施的实证。

农机车库旧址地理位置图

# 白槎街商贸建筑群

白槎街商贸建筑群位于江西省九江市永修县白槎镇白槎街社区，是多栋1957—1972年间建造的砖木和砖石（混凝土）结构建筑，一至三层不等。原为商店、供销社、五金厂、木器社及铁匠铺等，现多已挪作他用，有的成为民居，有的废弃未用。该建筑群地处乐山路、沿河路一带，总占地面积约6000平方米，对研究同时期的金融商贸建筑特色有一定参考价值。

白槎街商贸建筑群

白槎街商贸建筑群地理位置图

# 乐山路 121 号“文革”标语

乐山路 121 号“文革”标语位于江西省九江市永修县白槎镇白槎街社区乐山路 121 号老供销社南墙上，共 12 幅。每幅高 1.3 米，宽 0.9 米。这些标语是研究特定历史时期政治、经济、文化的重要实物资料。

乐山路 121 号“文革”标语

乐山路 121 号“文革”标语地理位置图

# 沿河西路 105 号“文革”标语

沿河西路 105 号“文革”标语位于江西省九江市永修县白槎镇白槎街社区沿河西路 105 号张大秀家墙上，共 2 幅。每幅高 1.3 米，宽 0.9 米。该标语是研究特定年代政治、经济、文化的重要实物资料。

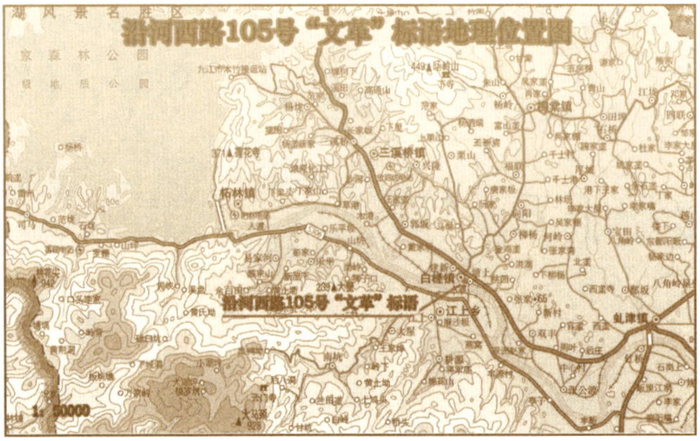


沿河西路 105 号“文革”标语地理位置图

沿河西路 105 号“文革”标语

# 白槎镇老码头遗址

白槎镇老码头遗址位于江西省九江市永修县白槎镇白槎街社区沿河东路自来水厂后修河边。是1954年修建的水路客运码头，全麻石质地，宽2.6米，共23级，落差4.5米，占地面积21平方米。该码头对研究新中国早期的水运交通史及地方码头文化具有一定参考价值。

白槎镇老码头遗址地理位置图

白槎镇老码头遗址

# 义家石拱桥

义家石拱桥位于江西省九江市永修县江上乡江上村义家村民小组，20世纪60年代初建造，南北走向，单拱石桥，桥两端肩部各有一小孔，桥墩为麻石质地，桥面为水泥，两边有护栏。长32米，宽5.3米，高8.1米，栏杆高1米。该桥对于研究近现代桥梁建造工艺具有一定参考价值。

义家石拱桥地理位置图

义家石拱桥

# 大屋麻石桥

大屋麻石桥位于江西省九江市永修县江上乡大屋村寺前村民小组，建于清代，历年多次维修。该桥由 4 个菱形桥墩和 3 路（共 9 根）麻石条平铺而成，长 14.8 米，宽 1 米，高 1.4 米，桥墩间距 3.2 米。该桥对于考证清代桥梁建造工艺具有一定参考价值。

大屋麻石桥地理位置图

大屋麻石桥

千年遗珍

# 江上村委会旧址

江上村委会旧址位于江西省九江市永修县江上乡江上村委会旁，建于20世纪60年代初，土坯房，地基和腰墙均为麻石质。整个建筑分为三部分（连体），中间为一层仓库式结构，两边为二层民房式结构，东西南北四面均有门窗数十个，屋顶为坡顶，铺红色板瓦。该建筑总长44米，宽12.3米，高6米。该旧址对于研究20世纪60年代特定时期历史具有重要参考价值。

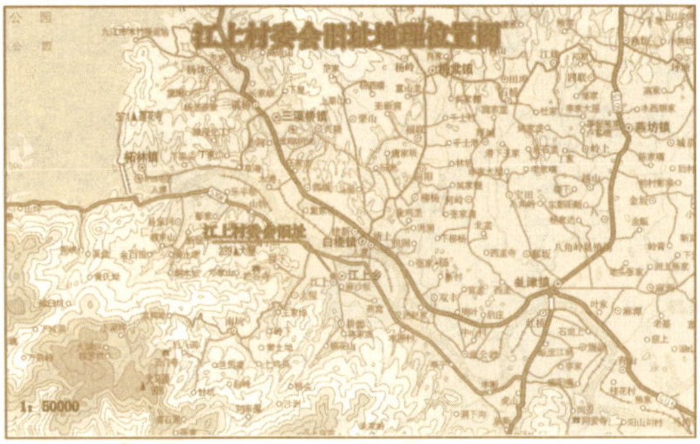


江上村委会旧址地理位置图

江上村委会旧址

# 将军庙遗址

将军庙遗址位于江西省九江市永修县江上乡耕源村居塘村民小组，始建于宋代，现代重修。该庙为砖木结构，面阔4米，进深4.1米，高3米。庙侧立有一清代光绪七年（1881）的青石碑刻，记载将军庙历史。庙前3米处左右两侧各有一休息亭，休息亭中间立有一个水泥制香炉（现代重建）。该庙对于考证当地人文历史具有一定参考价值。

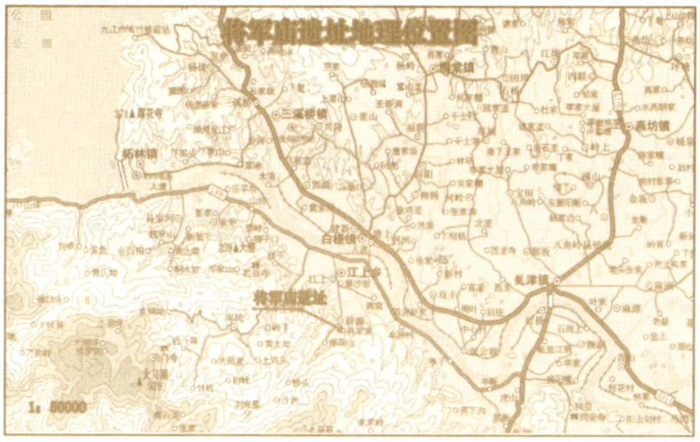


将军庙遗址地理位置图

将军庙遗址

千年遗珍

# 状元桥

状元桥位于江西省九江市永修县江上乡焦冲村焦冲村民小组，始建于清代乾隆年间，传说为状元顾长福捐资修建，因而叫状元桥。4个菱形桥墩，桥面为12根麻石条并行4排铺列，全长15米，宽1.3米，高2米。该桥对于研究当地造桥民俗及历史具有一定参考价值。

状元桥地理位置图

状元桥

# 魏源孙女赵魏氏刘氏姑媳墓

魏源孙女赵魏氏刘氏姑媳墓位于江西省九江市永修县江上乡南坑村矿山村民小组（老坟山）。该墓建于明代弘治年间，于正德年立碑，墓坐北朝南，墓堆直径4.7米，高1米，墓碑宽0.7米，高1.05米。魏源孙女赵魏氏刘氏姑媳墓对于考证明代刑部尚书魏源家族史具有重要参考价值。

魏源孙女赵魏氏刘氏姑媳墓地理位置图

魏源孙女赵魏氏刘氏姑媳墓

千年遗珍

# 云门寺

云门寺位于江西省九江市永修县江上乡南坑村后八村民小组（泉祠坳）。始建于晚唐，五代至现代多次重修。大雄宝殿为砖石结构，面阔 33 米，进深 15 米，高 8 米。老庙为石木结构，面阔 30 米，进深 10 米，高 8 米。该建筑对于考证云门寺历史及云门寺与云居山真如寺之渊源具有重要参考价值。

云门寺地理位置图

云门寺

# 映明禅师塔墓

映明禅师塔墓位于江西省九江市永修县江上乡南坑村后八村民小组（泉祠坳）。建于明代，2003年重修，全石结构，坐西向东，高2.2米，直径1米。该塔为八角形塔体，莲花座，宝葫芦盖顶，所有石构件均为麻石质。该僧塔为全国重点文物保护单位云居山塔林的组成部分，对于研究佛教葬俗及佛塔建筑工艺具有重要参考价值。

映明禅师塔墓地理位置图

映明禅师塔墓

# 系马遗址

系马遗址位于江西省九江市永修县八角岭垦殖场八一村系马村民小组东南方约 3 公里处。台地地形，地面已垦种庄稼，分布面积 8000 平方米，文化层堆积 1—2 米。采集标本有陶片（方格纹、网纹、堆塑弦纹）、鼎足等，年代为商周时期。系马遗址对于考证赣北地区商周文化具有重要参考价值。

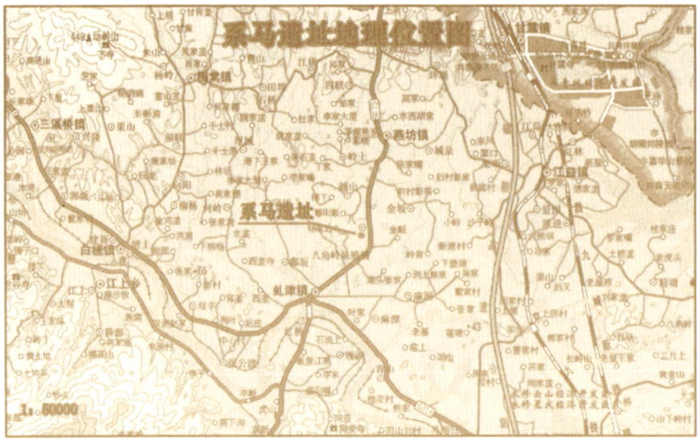


系马遗址地理位置图

系马遗址

# 孔氏族人墓

孔氏族人墓位于江西省九江市永修县燕坊镇城泉村孔家村民小组，分三处。一、孔世喜墓。坐北朝南，长 2 米，宽 1.5 米，封土堆已平，上面长有杂树，墓碑断为两截。墓主孔世喜生于清乾隆丙子年（1756）七月，卒于清嘉庆三年（1798）。二、孔卓梧墓。坐北朝南，直径 0.9 米，高 0.95 米。墓碑保存较完整，镶有麻石质碑廓。墓主孔卓梧生于清乾隆癸卯年（1783）十月初一日，卒于道光乙巳年（1845）八月初十日。三、孔母冯老太君墓。封土堆直径 1.5 米，高 1 米，表土层除封土堆外，还有青石墓碑，墓碑外镶卷云状碑廓。该墓群对于考证燕坊孔氏家族史具有一定参考价值。

孔氏族人墓地理位置图

孔氏族人墓

# 泉水井

泉水井位于江西省九江市永修县燕坊镇岭上村丁家村民小组，始建于元代，长 12 米，宽 8 米，总面积 96 平方米。该井呈不规则形，实为一人工小池塘。据当地人介绍，井水冬暖夏凉，终年积水。泉水井对于考证岭上丁家历史具有一定参考价值。

泉水井

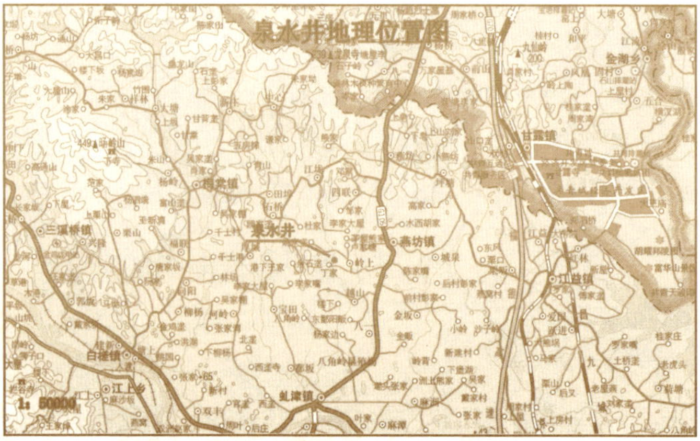


泉水井地理位置图

# 丁家祠堂

丁家祠堂位于江西省九江市永修县燕坊镇岭上村丁家村民小组，始建于清代同治七年（1868），2007年曾重修。仿徽派砖木结构，两边有封火山墙，“三六九”青砖，小青瓦，一开间，面阔6.2米，进深6.7米，高6米。该建筑对于考证燕坊丁氏历史脉络具有一定参考价值。

丁家祠堂

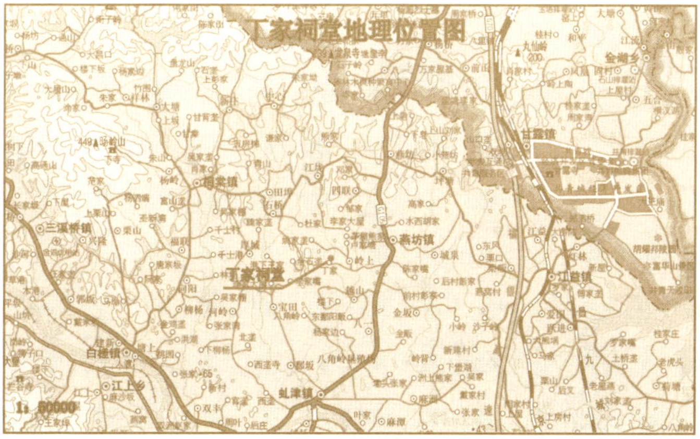

丁家祠堂地理位置图

# 丁家老城墙遗址

丁家老城墙遗址

丁家老城墙遗址位于江西省九江市永修县燕坊镇岭上村丁家村民小组，建于清代。据当地老人介绍，城墙为本地出去的读书人在朝廷当上官后，回乡捐资兴建。城墙原为四面，现仅存一面，残损严重，青砖墙体，长3.8米，宽3.3米，高0.8—1.7米不等。该城墙遗址对于进一步研究丁氏家族历史具有一定参考价值。

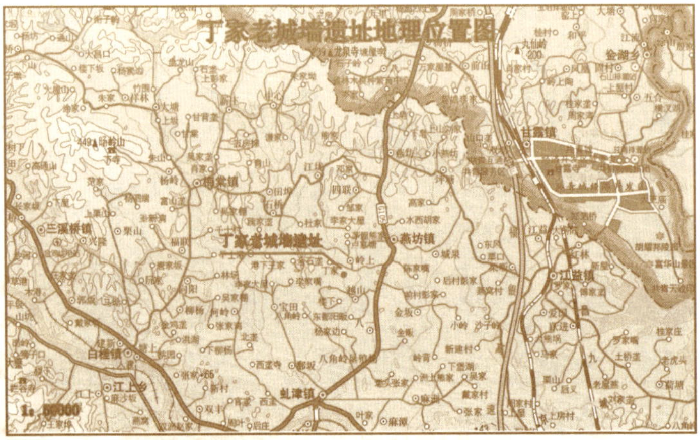


丁家老城墙遗址地理位置图

# 越山桥

越山桥位于江西省九江市永修县燕坊镇越山村八嘴村民小组，建于清代，全石结构，已残缺，麻石桥墩，桥面并列3块麻石条面，其中一小段桥面已断裂。残长11.5米，残宽1.1米，高0.7米。该桥对于考究当地历史具有一定参考意义。

越山桥

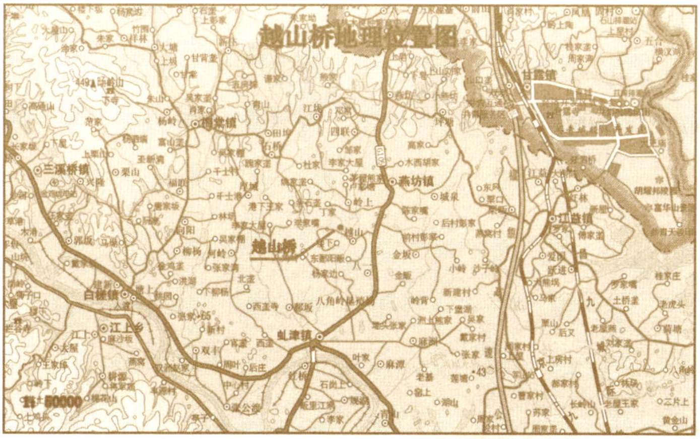


越山桥地理位置图

# 簸箕山遗址

簸箕山遗址位于江西省九江市永修县燕坊镇金坂村新屋村民小组（簸箕山），为两周时期遗址，面积 10000 余平方米，文化层堆积约 3—5 米，表土层已种植水竹，采集有铜钱、瓦片、陶片等实物标本。该遗址对于考证先秦时期燕坊历史具有重要参考价值。

簸箕山遗址地理位置图

簸箕山遗址

# 江垅江氏家族墓

江垅江氏家族墓位于江西省九江市永修县燕坊镇江垅村江垅村民小组（下屋竹山），分两处。一、江文龙墓。土堆墓，封土堆直径 1.6 米，高 0.5 米，有青石墓碑，宽 0.5 米，高 0.35 米，墓主生年不详，卒于清康熙七年（1668）。二、江李氏墓。土堆墓，封土堆高 1 米，直径 1.55 米，前有青石碑刻，正文书写“清故妣江门李氏之墓”，生年不详，卒于清代雍正七年（1729），碑高 0.5 米。该家族墓对于探究江垅历史及葬俗具有一定参考价值。

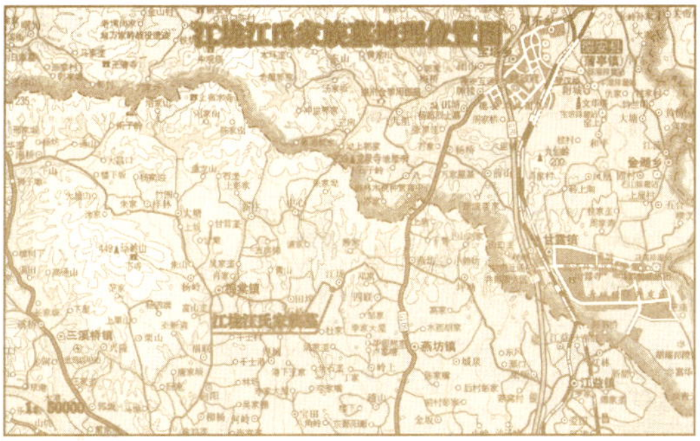

江垅江氏家族墓地理位置图

江垅江氏家族墓

# 刘家桥

刘家桥

刘家桥位于江西省九江市永修县燕坊镇江垅村刘家村民小组，始建于清代，全麻石结构，2个菱形桥墩，3块麻石条铺面，长5.3米，宽0.95米，高1.15米。该桥对于考证江垅村历史具有一定参考价值。

刘家桥地理位置图

# “白水流芳”牌楼

“白水流芳”牌楼

“白水流芳”牌楼位于江西省九江市永修县燕坊镇燕坊村新塘村民小组，始建于明代，后曾多次维修。砖石结构，红石质门框，门框上有青石匾额，上书“白水流芳”四字，门匾四周有红石镶框，框上雕刻有人物鸟兽等阳刻图案，牌楼两边延伸为砖砌，已严重损毁。残阔5.8米，高7米，门坊宽1.35米，高2.5米。该牌楼对于研究新塘历史具有一定参考价值。

“白水流芳”牌楼地理位置图

# 黄氏祠堂

黄氏祠堂位于江西省九江市永修县燕坊镇坪塘村坪塘村民小组，始建于清代道光十六年（1836），2002 年中秋重建。砖木结构，三开间一重进，开间中部为两根石柱支撑，顶部大梁瓦头为原始构件。“三六九”青砖，封火山墙，内墙面镶嵌有始建碑刻，大门两侧各有一个石狮，门头镶有“黄氏祠堂”大理石匾额，祠堂内设供台。该祠堂对于研究坪塘黄氏家族史具有一定参考价值。

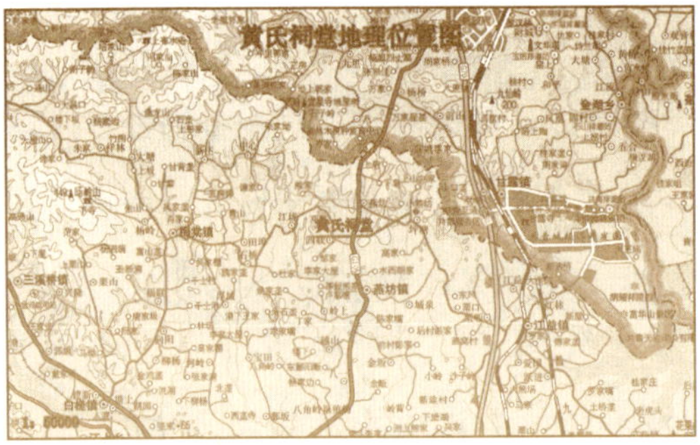


黄氏祠堂地理位置图

黄氏祠堂

# 横石头桥

横石头桥位于江西省九江市永修县虬津镇虬津村横石头村民小组，明代修建，全石结构，南北走向，面积4.2平方米。石材为全麻石质，中间为两个菱形桥墩，两岸为八字形桥墩，3路麻石条（共9块）铺桥面，保存现状一般。该桥对于研究当地历史具有一定参考价值。

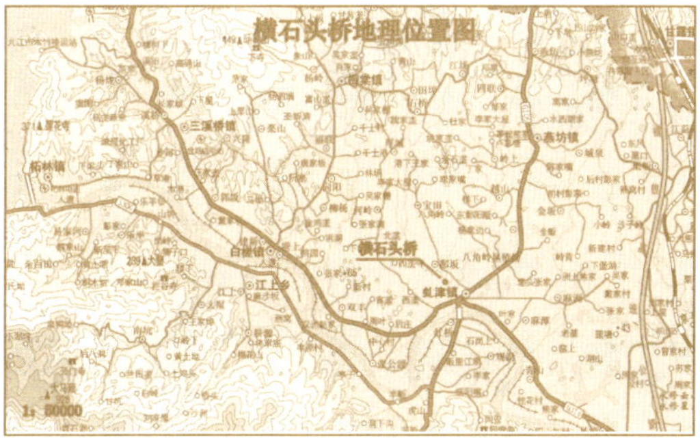


横石头桥地理位置图

横石头桥

# 余氏家族墓群

余氏家族墓群位于江西省九江市永修县虬津镇虬津村横石头村民小组（虎山上），分三处。一、余苏氏墓。土堆葬，面积 4.48 平方米。前有青石质墓碑，记载墓主生平，墓主生于元至大元年（1308），卒于明洪武十七年（1384），墓碑有碑廊，两旁为红石质，顶部为麻石质，呈卷云状，墓碑后为墓冢。二、余英墓。土堆墓，面积 3 平方米。墓冢基本已平，前有青石质墓碑，记载墓主生平，墓主生于明永乐年间，殁于成化年间。三、余张氏墓。土堆葬，面积 3 平方米。前有墓碑，青石质，记载墓主生平，墓主生于明天启年间，卒于崇祯年间。该墓群对于研究余氏家族史具有一定参考价值。

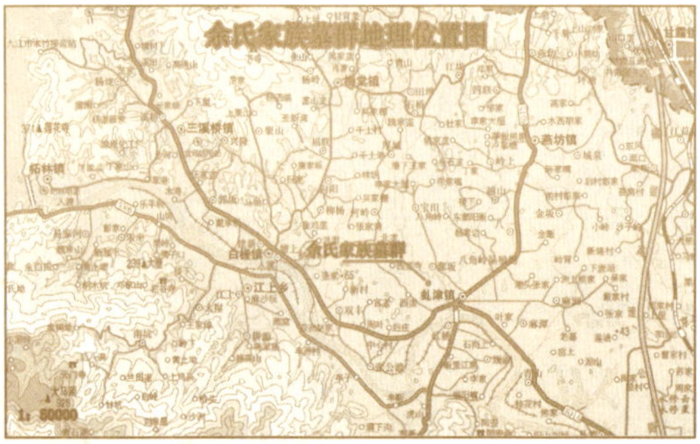

余氏家族墓群地理位置图

余氏家族墓群

# “修河保卫战”战壕遗址

“修河保卫战”战壕遗址位于江西省九江市永修县虬津镇虬津村横石头村民小组（虎山上），修建于抗日战争时期，总占地面积 1000 平方米。全人工挖掘，呈“S”形壕沟状，长 1000 余米，宽 1 米，高 1 米，是抗日战争中国军队与日军作战的代表性设施。该战壕遗址对于研究永修抗日战争史及开展革命传统教育均具有十分重要的意义。

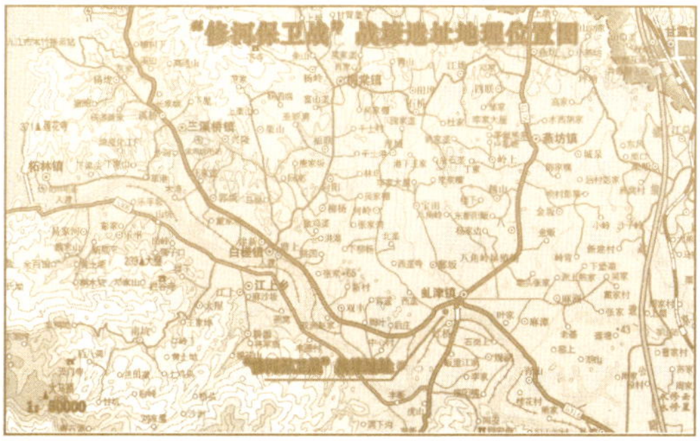


“修河保卫战”战壕遗址地理位置图

“修河保卫战”战壕遗址

# 四下沟桥

四下沟桥

四下沟桥位于江西省九江市永修县虬津镇虬津村横石头村民小组，清代修建，全石结构，面积4.6平方米。2个菱形麻石质桥墩，3块麻石条铺面，桥长4米，宽1.15米。该桥对于考证当地历史具有一定参考价值。

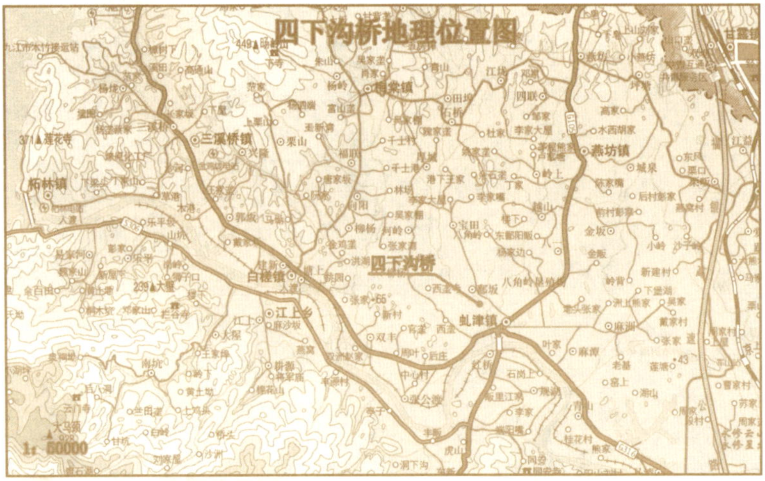


四下沟桥地理位置图

# 董在荣墓

董在荣墓位于江西省九江市永修县虬津镇麻潭村董家村民小组，清代土堆墓，面积3平方米。墓冢前为青石质墓碑，记载墓主生平。墓主生于清康熙己巳年（1689）三月，卒于乾隆甲戌年（1754）九月，曾考取进士。该墓对于考证董氏家族史具有一定参考价值。

董在荣墓

董在荣墓地理位置图

# 燕子水库大坝

燕子水库大坝位于江西省九江市永修县虬津镇麻潭村石下村民小组，1961 年建，全土坝坝体，呈梯形，长 150 米，高 13 米，坝基宽 40 米，坝顶宽 8 米，总占地面积 6000 平方米。该大坝对于研究新中国成立初期水利建设历史具有一定参考价值。

燕子水库大坝地理位置图

燕子水库大坝

# 张家水库大坝

张家水库大坝位于江西省九江市永修县虬津镇麻潭村上下房村民小组，1961年修建，全人工土坝，总占地面积4500平方米。整个大坝呈梯形，长150米，高11米，坝基宽30米，坝顶宽6米。该大坝对于研究新中国成立初期水利建设历史具有一定参考价值。

张家水库大坝地理位置图

张家水库大坝

# 朱岭水库大坝

朱岭水库大坝位于江西省九江市永修县虬津镇麻潭村上房村民小组和大房村民小组，1961 年修建，全人工土坝。整个大坝上下呈梯形，跨度呈弧形，长 400 米，坝基宽 30 米，坝顶宽 8 米，高 7 米，总占地面积 12000 平方米。该大坝对于研究新中国成立初期水利建设历史具有十分重要的参考价值。

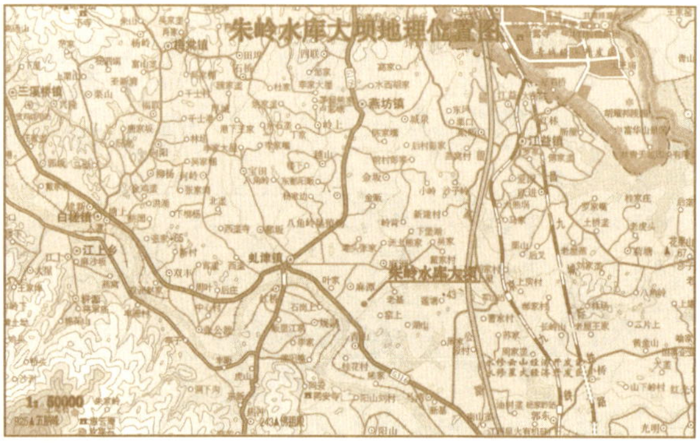


朱岭水库大坝地理位置图

朱岭水库大坝

# 大房麻石桥

大房麻石桥位于江西省九江市永修县虬津镇麻潭村大房村民小组，清代修建，全石结构，面积约 14 平方米。5 个菱形桥墩，3 路麻石条并列（共 9 根）铺面，长 13 米，宽 1.1 米，高 2 米。该桥对于研究当地历史具有一定参考价值。

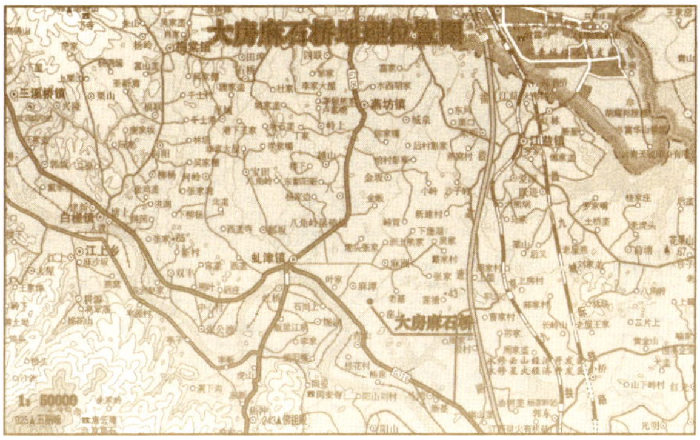


大房麻石桥地理位置图

大房麻石桥

# 王氏家族墓群

王氏家族墓群地理位置图

故显妣王母施老夫人墓（王氏家族墓群）

王氏家族墓群位于江西省九江市永修县虬津镇规湖村河头村民小组（七厘地）。一、皇清诰授武显将军二品夫人夫妇合墓。土堆墓，面积3.5平方米。该墓分封土堆和墓碑两部分，墓碑为青石质，有碑廓，廓顶为莲花状麻石质，左右两侧为红石、麻石相间。墓主王武书生于清嘉庆辛酉年（1801）正月，卒于道光丙午年（1846）九月，生前被封为二品武显将军；其妻刘氏生于清嘉庆丙寅年（1806）正月，卒于道光甲辰年（1844）八月。二、故显妣王母施老夫人墓。土堆墓，面积3.8平方米。有青石墓碑记载王母生平，王母生于清乾隆年间，殁于嘉庆年间。三、皇恩诰授正二品武显将军王金开夫妇合墓。土堆葬，前有青石碑刻三块，分别记载墓主生平及修造情况等，三碑均由麻石条隔断，总面积5.1平方米。王金开生于清道光辛卯年（1831）十一月，殁于光绪丁亥年（1887）二月，生前曾被封为正二品武显将军钦赐花翎协镇都督；其妻朱老夫人生于清道光乙巳年（1845）七月，殁于光绪丁亥年（1887）七月。该墓群对于研究王氏家族史及清代官宦制度均具有一定参考价值。

# 杨河沙桥

杨河沙桥位于江西省九江市永修县虬津镇鄱坂村江家村民小组，清代修建，全石结构，面积（残）23.36平方米。现存桥体1/3部分已残损，桥墩也破坏较严重，桥墩均为菱形，桥面为3路并排（共6根）麻石条铺就。杨河沙桥对于考证当地历史具有一定参考价值。

杨河沙桥

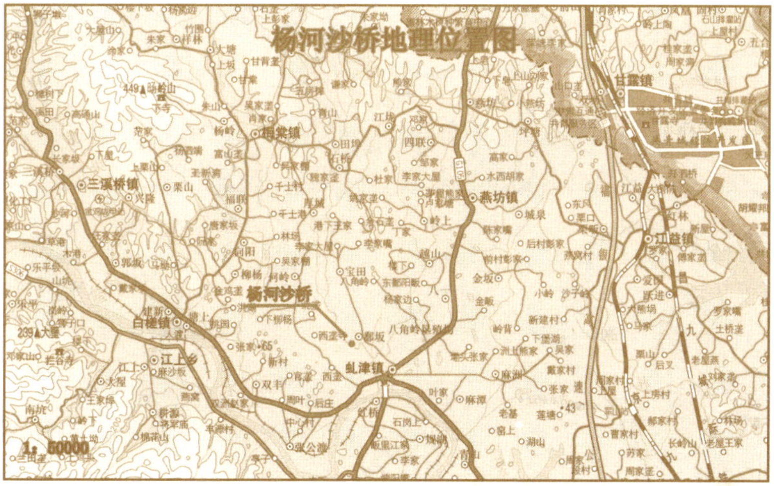


杨河沙桥地理位置图

# 江家古屋

江家古屋位于江西省九江市永修县虬津镇郗坂村江家村民小组 72-1 号，清代，全木结构，坐北朝南，面积 64.41 平方米。该古屋为三开间一进式，大门为普通对开门，内外结构均由杉木板拼接而成，屋顶为坡顶，两头有重檐和翘角。屋内分中堂和左右厢房，梁架为抬梁式，中堂地面为泥土地面，厢房为木地板。该建筑对于研究晚清木建筑格局及当地民俗均具有一定参考价值。

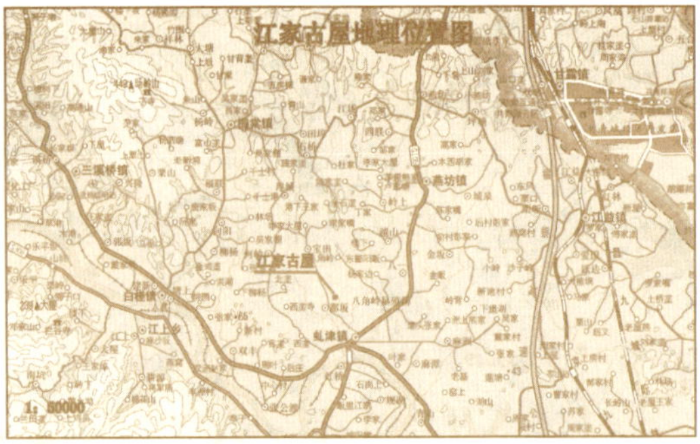


江家古屋地理位置图

江家古屋

# 江氏宅第

江氏宅第位于江西省九江市永修县虬津镇鄱坂村江家村民小组87号，清代，砖木结构，坐北朝南，面积58.56平方米。该宅第为一开间一进式，前门为普通对开木门，两边各有一木制窗和通风孔，左右两侧为封火山墙，坡顶，小青瓦，外墙砖为“三六九”青砖。内结构分中堂和左、右厢房，均为木结构。据说此建筑在20世纪60年代中期曾被烧毁，1967年重建。该宅第对于研究晚清乡土建筑格局具有一定参考价值。

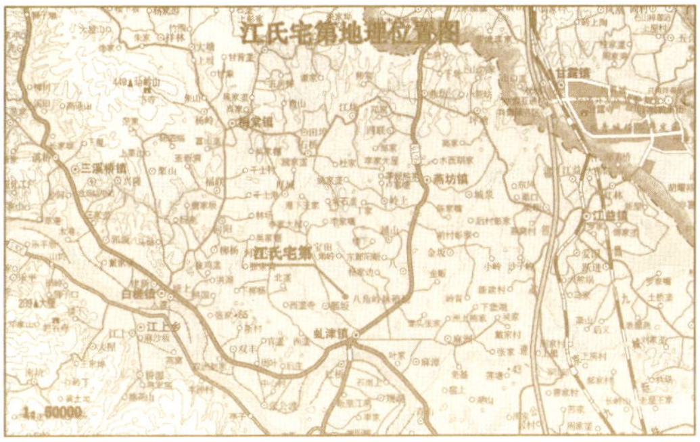


江氏宅第地理位置图

江氏宅第

# 宝田村委会旧址

宝田村委会旧址位于江西省九江市永修县虬津镇宝田村，始建于清代，20世纪60年代初改建。坐北朝南，总建筑面积132.08平方米。该建筑为一开间一进式，砖木结构，外结构为砖砌，内结构为木质，分中堂和厢房，中堂为青砖铺地，厢房为木地板，屋内木结构上写有大量“文革”标语。据说该建筑原为地主房产，中华人民共和国成立后收归国有，曾长期作为宝田村委会办公用房。该建筑对于研究“文革”时期历史具有一定参考价值。

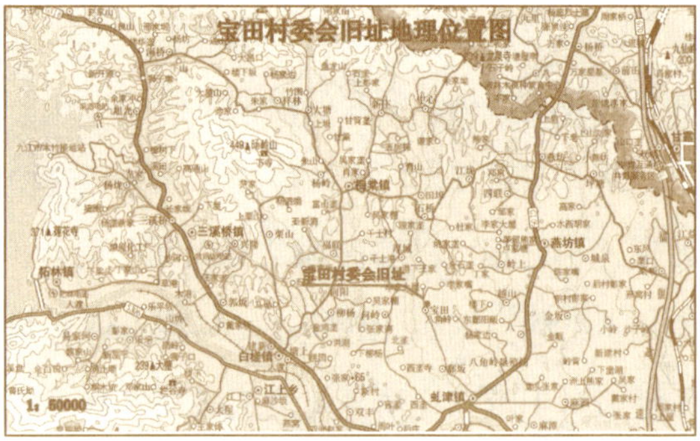


宝田村委会旧址地理位置图

宝田村委会旧址

# 张氏族人墓

张氏族人墓位于江西省九江市永修县虬津镇宝田村张家村民小组。一、张乐轩与妻皮太君墓。土堆墓，面积3.9平方米。该墓分墓冢和墓碑两部分，墓碑为青石质，记载墓主生平。张乐轩生于清乾隆丙寅年（1746）八月，殁于道光辛巳年（1821）三月，其妻皮氏生于清乾隆丙寅年(1746)八月，殁于嘉庆乙亥年（1815）五月。二、张集来夫妇合葬墓。位于江西省九江市永修县虬津镇宝田村张家村民小组，清代土坑双棺葬，面积7平方米。该墓分墓冢和墓碑两部分，墓冢高1.25米，墓碑为双碑，碑上均有麻石质碑廓，两碑间由麻石相连。张集来生于清康熙己未年（1679）三月，殁于乾隆年间；其妻夏氏生于清康熙己未年（1679）冬月，殁于乾隆年间。两座合墓对于研究清代葬俗及张氏家族史均有一定参考价值。

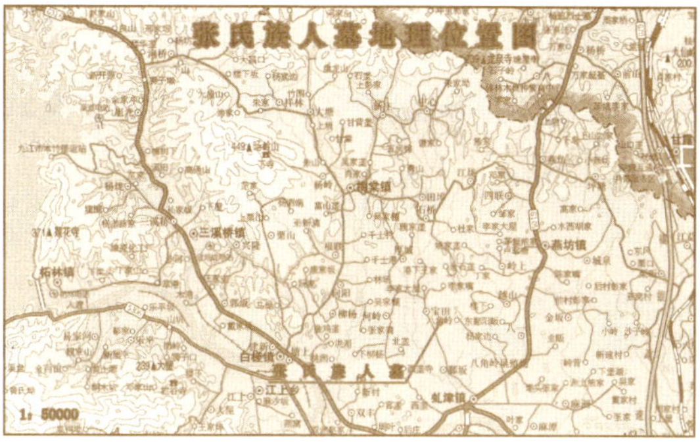


张氏族人墓地理位置图

张乐轩与妻皮太君墓（张氏族人墓）

# 宝田桥

宝田桥位于江西省九江市永修县虬津镇宝田村张家村民小组，清代修建，全石结构，面积 3 平方米。该桥有 2 个八字形桥墩，由 2 根麻石条铺面，保存现状较差。宝田桥对于研究当地历史具有一定参考价值。

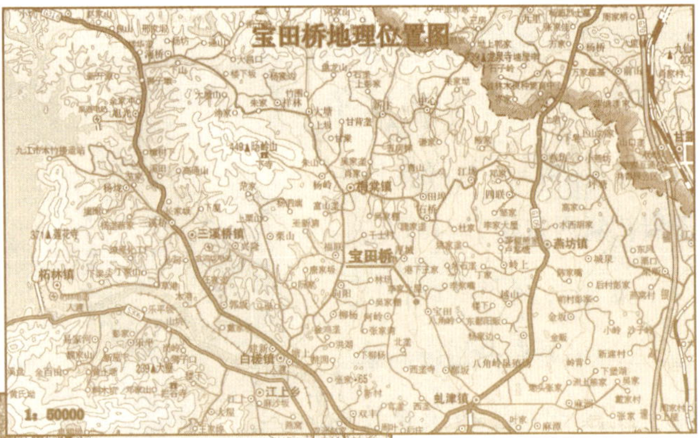

宝田桥地理位置图

宝田桥

# 宝田寺

宝田寺位于江西省九江市永修县虬津镇何岭村徐岭村民小组，始建于清代乾隆初年，现建筑为1993年重建，砖木结构，总占地面积1000余平方米。寺庙分前、后殿，前殿分伽蓝殿和武圣殿，后殿即大雄宝殿，是整个寺庙的主殿，后殿内除佛像外，在墙上还镶有乾隆年青石碑刻，记载寺庙历史沿革。该寺对于探讨佛教在永修及虬津传播历史具有一定参考价值。

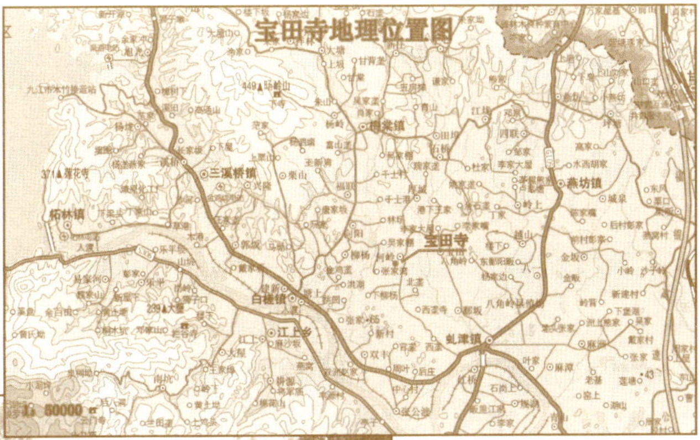

宝田寺地理位置图

宝田寺

# 燕头古麻石桥

燕头古麻石桥位于江西省九江市永修县虬津镇张公渡村燕头村民小组，清代修建，全石结构，面积25平方米。该桥为单拱桥，所有石构件均为麻石质，较有艺术特色。该桥对于研究清代建桥工艺及当地历史均具有一定参考价值。

燕头古麻石桥

燕头古麻石桥地理位置图

# 仰山石刻

仰山石刻位于江西省九江市永修县虬津镇张公渡村周叶村民小组（仰山寺内），清代刻石，全石结构，面积0.5平方米。该石刻为青石质，碑上阳刻有“仰山”二字。该石刻对于研究仰山寺历史具有一定参考价值。

仰山石刻

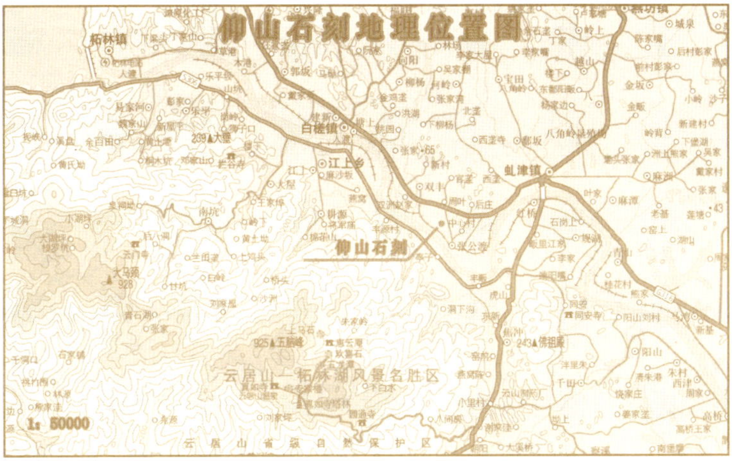


仰山石刻地理位置图

# 张公渡侵华日军大屠杀遗址

张公渡侵华日军大屠杀遗址

张公渡侵华日军大屠杀遗址位于江西省九江市永修县虬津镇张公渡村张公渡村民小组，总面积1000余平方米。据当地胡显达老人（75岁）介绍，抗战时期，中、日双方在张公渡村以古樟树为中心发生过一次大的战斗，日本侵略军在古樟树下杀害了十多个老百姓。该遗址对于研究抗战历史及开展革命传统教育均具有非常重要的价值和意义。

张公渡侵华日军大屠杀遗址地理位置图

# 大下湾桥

大下湾桥位于江西省九江市永修县滩溪镇下湾村大下湾村民小组，清代修建，全石结构，面积6.72平方米。整座大桥均为麻石质，两边为八字形桥墩，中间为3个菱形桥墩，3路麻石条并排（共12根）铺面。桥长8.4米，宽0.8米，高2.5米。该桥对于研究清代桥梁建筑工艺及当地历史具有一定参考价值。

大下湾桥

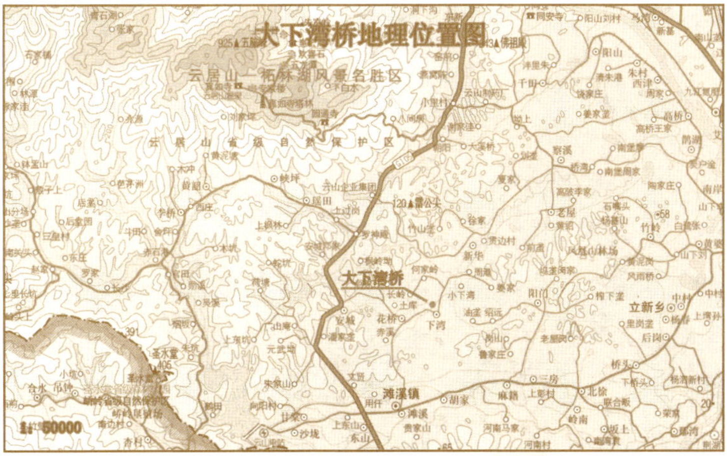


大下湾桥地理位置图

# 林坡桥

林坡桥位于江西省九江市永修县滩溪镇下湾村大下湾村民小组，清代修建，全石结构，面积 39.6 平方米。整座桥由 5 路麻石条并列（共 20 根）铺面，有 3 个菱形麻石桥墩和 2 个八字形桥墩，长 22 米，宽 1.8 米，高 3.5 米。该桥历史上是滩溪通往安义县的交通要道，1939 年遭到日寇破坏，2007 年，当地村民集资对此桥进行了维修加固。林坡桥对于研究地方史及清代建桥工艺提供了实物见证。

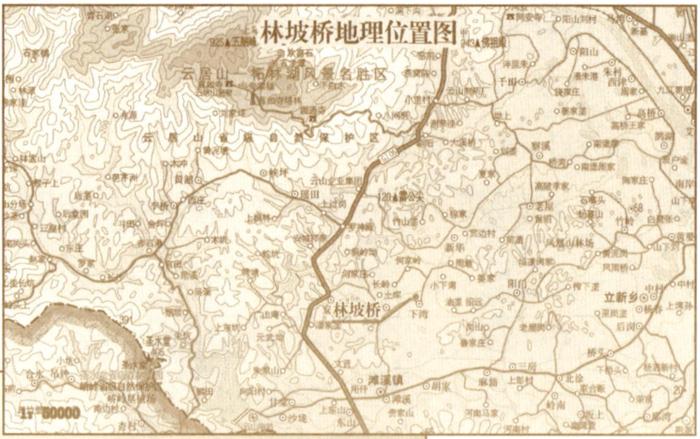


林坡桥地理位置图

林坡桥

# 竹水桥

竹水桥位于江西省九江市永修县滩溪镇下湾村水溪村民小组，清代修建，全石结构，面积 21.1 平方米。整座桥均为麻石质，有 6 个菱形桥墩，由 3 根麻石条并列（共 15 根）铺面，长 21.1 米，宽 1 米，高 3 米。该桥对于研究地方史及清代建桥工艺具有一定参考价值。

竹水桥地理位置图

竹水桥

# 黄氏民居

黄氏民居

黄氏民居位于江西省九江市永修县滩溪镇下湾村油垅村民小组（黄皆贵家），清代建筑，全木结构，总面积108.12平方米。整幢民居主体结构均为木质，一开间一进式，大门左右各有一个窗户，坡顶盖青瓦，屋顶前檐为重檐。内结构分中堂和左、右厢房，梁架为穿斗式，顶部月梁有阳刻雕花，框架由立柱支撑，主柱下有红石质柱础，柱础上有阴刻纹饰，中堂为泥土地面，厢房为木地板。据房主介绍，原建筑为三重进天井式结构，于1956年改建成现状。该建筑对于研究清代民居建筑工艺及地方历史具有一定参考价值。

黄氏民居地理位置图

# 大港桥

大港桥

大港桥位于江西省九江市永修县滩溪镇花桥村花桥村民小组，清代修建，全石结构，面积约23.8平方米。整座桥均为麻石质，有6个菱形桥墩，由3路麻石条并列成桥宽（共15根）铺面。桥长22.7米，宽1.05米，高2.7米。大港桥对于研究地方历史及清代建桥工艺具有一定参考价值。

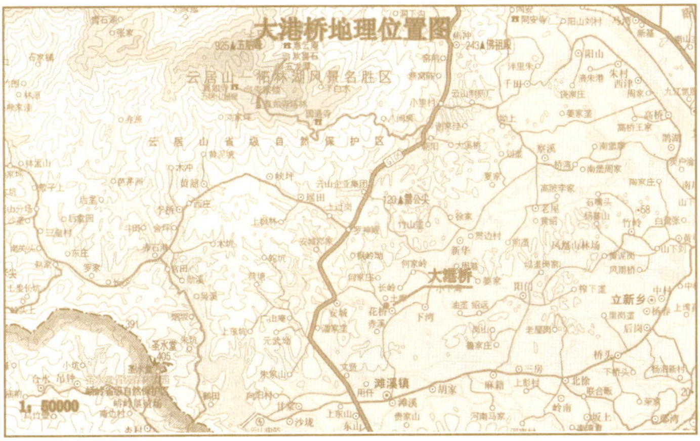


大港桥地理位置图

# 罗滩桥

罗滩桥位于江西省九江市永修县滩溪镇花桥村罗滩村民小组，清代修建，全石结构，面积 8.9 平方米。整座桥均为麻石质，有 4 个菱形桥墩，由 3 路麻石条并列（共 9 根）铺面，长 10.5 米，宽 0.85 米，高 1.75 米。该桥对于研究地方历史及清代建桥工艺具有一定参考价值。

罗滩桥地理位置图

罗滩桥

# 赤壁卷桥

赤壁卷桥位于江西省九江市永修县滩溪镇花桥村赤壁村民小组，始建于明末，现代重修，全石结构，面积 14.85 平方米。整座桥为麻石质，单拱呈半圆形，长 5.5 米，宽 2.7 米，高 2.7 米。该桥对于研究明清时期建桥工艺及地方史提供了一定参考依据。

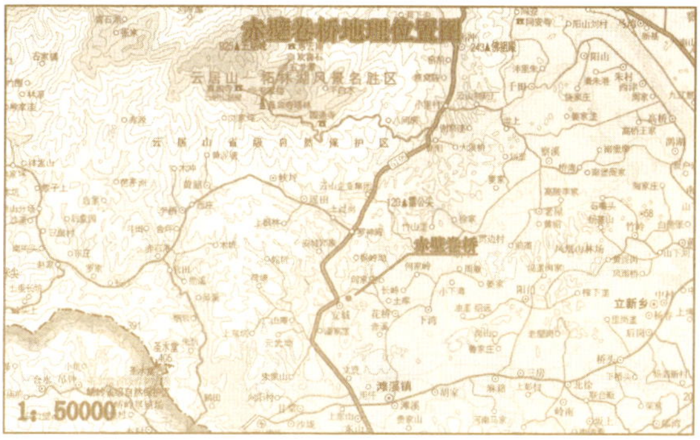


赤壁卷桥地理位置图

赤壁卷桥

# 荷塘拱桥

荷塘拱桥位于江西省九江市永修县滩溪镇安城村荷塘村民小组，清代修建，全石结构，面积 5.7 平方米。整座桥被杂草所覆盖，桥体已看不清楚，只能见桥面。麻石质，单拱呈半圆形，长 3 米，宽 1.9 米，高 1.2 米。该桥对于研究地方历史具有一定参考价值。

荷塘拱桥地理位置图

荷塘拱桥

# 下周桥

下周桥位于江西省九江市永修县滩溪镇沙垅村下周村民小组，清代修建，全石结构，面积约4.7平方米。该桥桥墩为麻石质菱形墩，桥面为青石板，原为6块，现仅剩4块。该桥长5.2米，宽0.9米，高1.6米。下周桥对于研究地方史具有一定参考价值。

下周桥地理位置图

下周桥

# 军民团结井

军民团结井位于江西省九江市永修县滩溪镇沙垅村新村村民小组，20世纪70年代建，砖石结构，面积1.7平方米。该井为1974年12月15日，中国人民解放军六〇一四中队八〇分队在新村野营拉练时，为当地村民援建，体现了军民鱼水情深。军民团结井对于开展革命传统教育具有十分重要的意义。

军民团结井地理位置图

军民团结井

# 戴氏古屋

戴氏古屋位于江西省九江市永修县滩溪镇甘棠村甘棠村民小组，清代修筑，砖木结构，面积180平方米。硬山顶式，“三六九”青砖砌墙，一开间，大门上镶青石门匾，上书“经礼名家”四字，门框为红石质，前门左右两侧各有两个宽40厘米的红石质通风口。内结构为一进式一天井，中间为客堂，两边为厢房，门窗有人物、花草、动物等造型的雕刻，天井四周有青石围栏，天井地面为青石、麻石铺地，其他为泥土地面。该建筑对于研究清代民居建筑工艺及地方史具有一定参考价值。

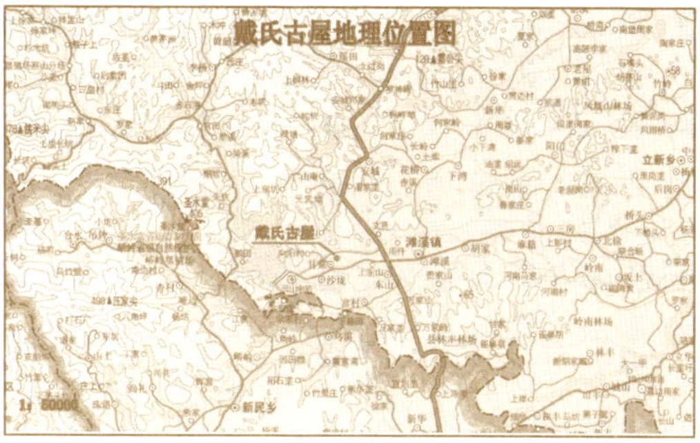


戴氏古屋地理位置图

戴氏古屋

# 赵氏宗祠

赵氏宗祠位于江西省九江市永修县滩溪镇甘棠村甘棠村民小组，清代建筑，砖木结构，面积 203.5 平方米。硬山顶，“三六九”青砖砌墙，其中 1 米高腰墙为麻石质，两侧为封火山墙，一开间，普通对开木门，麻石门框，外墙上有数个通风孔。内结构分供堂和左右厢房，供堂内有供台。该建筑曾于 1982 年重修。赵氏宗祠对于研究地方史及赵氏家族史具有一定参考价值。

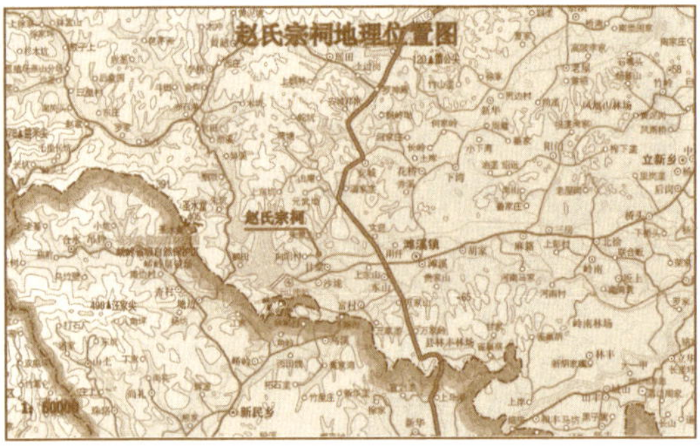


赵氏宗祠地理位置图

赵氏宗祠

# 明故甘棠赵公大揆之墓

赵大揆墓位于江西省九江市永修县滩溪镇甘棠村甘棠村民小组，明代墓。赵公墓墓冢高1.3米，直径1.5米，墓前有青石墓碑，镌刻楷书："明故甘棠赵公大揆之墓。"赵公生于明成化甲午年（1474）正月，殁于嘉靖丁亥（1527）七月，立碑于清光绪十八年（1892）二月。该墓对于研究明代葬俗及赵氏家族史具有一定参考价值。

明故甘棠赵公大揆之墓地理位置图

明故甘棠赵公大揆之墓

# 大泮麻石桥

大泮麻石桥位于江西省九江市永修县滩溪镇甘棠村大泮村民小组，全石结构，面积9平方米。有4个麻石质菱形桥墩，由3路麻石条并排（共9根）铺面，长11.3米，宽0.8米，高1.7米。大泮麻石桥对于研究清代造桥工艺具有一定参考价值。

大泮麻石桥

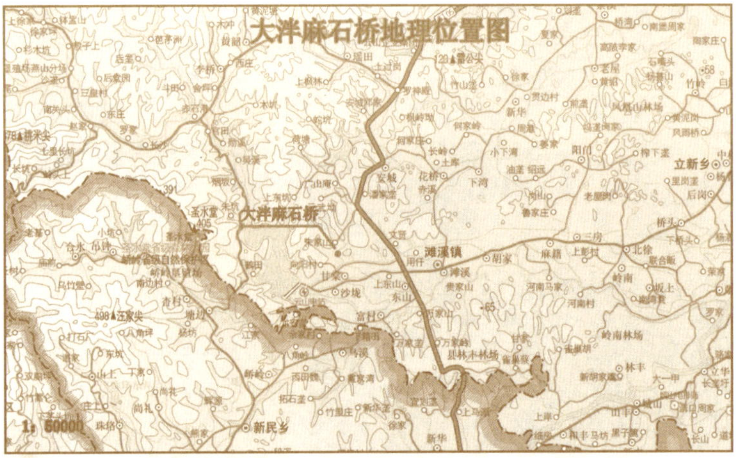


大泮麻石桥地理位置图

# 赵氏祖屋

赵氏祖屋位于江西省九江市永修县滩溪镇甘棠村甘棠村民小组，明代建筑，砖木结构，面积199.5平方米。硬山顶，前半部分为封火山墙，前门有“琴鹤家风”青石门匾，两旁有麻石质沟头滴水。内结构为一进式一天井，由中堂和左右厢房构成，厢房为单檐六开间楼房，回廊卷棚，明间抬梁结构。该建筑对于研究清代建筑工艺及赵氏家族史具有一定参考价值。

赵氏祖屋

赵氏祖屋地理位置图

# 贯溪井

贯溪井位于江西省九江市永修县滩溪镇东山村贯溪村民小组，清代修建，砖石结构，面积0.8平方米。井口为麻石、青石质，井壁为砖砌，井旁3米处有一长10米、宽5米的泉水池，是贯溪井的引水水源，有沟渠将井池相连。该井对于研究当地民俗具有一定参考价值。

贯溪井地理位置图

贯溪井

# 贯溪麻石桥

贯溪麻石桥位于江西省九江市永修县滩溪镇东山村贯溪村民小组（村小学旁50米处），清代修建，全石结构，面积9平方米。该桥有3个麻石质菱形桥墩，由3路麻石条并排（共6根）铺面，长10米，宽0.9米，高1.9米。贯溪麻石桥对于研究清代桥梁建筑工艺及地方历史具有一定参考价值。

贯溪麻石桥地理位置图

贯溪麻石桥

# 龚家墩古文化遗址

龚家墩古文化遗址位于江西省九江市永修县滩溪镇东山村龚家村民小组，是商周时期遗址，总面积 8000 平方米。山坡地形，断崖上时而可见文化堆积分布，地表采集有鼎、罐、碗、钵等陶器残片。该遗址对于研究商周时期本地区文化聚落分布、区域类型、文化谱系等提供了一定线索。

龚家墩古文化遗址地理位置图

龚家墩古文化遗址

# 门前古石桥

门前古石桥位于江西省九江市永修县滩溪镇阳门村门前邹家村民小组（东约 30 米处），清代修建，全石结构，面积约 18.9 平方米。有 4 个菱形麻石桥墩，由 3 路麻石条并列（共 9 根）铺面，长 16.4 米，宽 1.15 米，高 3.1 米。门前古石桥对于研究清代建桥工艺及地方史具有一定参考价值。

门前古石桥地理位置图

门前古石桥

# 三房桥

三房桥位于江西省九江市永修县滩溪镇三房村三房村民小组，清代修建，全石结构，面积11.3平方米。有3个菱形麻石桥墩，由3路麻石条并列（共6根）铺面，长11.3米，宽1米，高3.2米。三房桥对于研究地方历史及清代民间建桥工艺具有一定参考价值。

三房桥地理位置图

三房桥

# 麻籍牌坊

麻籍牌坊位于江西省九江市永修县滩溪镇麻籍村麻籍村民小组（东南约 70 米处），始建于清代，1988 年重修，砖石结构，面积 3.6 平方米。主体框架为红石结构，坊顶和坊间均用砖砌，坊顶盖青瓦，重修时牌坊背面用毛笔书写“光昭令德”四字。该牌坊对于考证地方史具有一定参考价值。

麻籍牌坊地理位置图

麻籍牌坊

# 麻籍桥

麻籍桥位于江西省九江市永修县滩溪镇麻籍村麻籍村民小组，清代修建，全石结构，面积36平方米，单拱拱桥，桥面为青石板铺就，桥基、桥拱为麻石和红石质，长12米，宽3米，高3.5米。麻籍桥对于研究清代建桥工艺及地方历史具有一定参考价值。

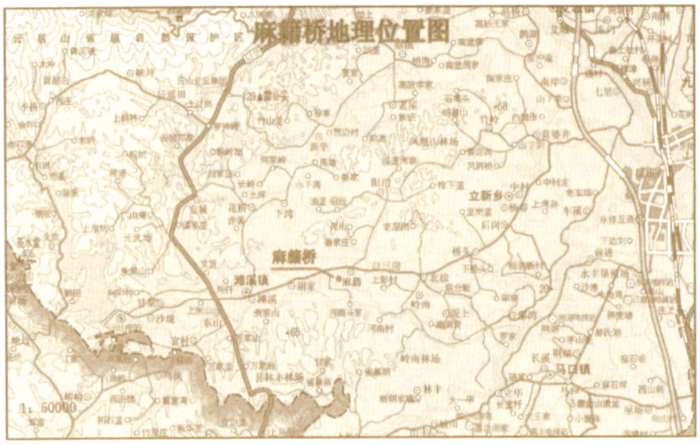

麻籍桥地理位置图

麻籍桥

# 蔡氏老宅

蔡氏老宅位于江西省九江市永修县滩溪镇滩溪村上佬村民小组，清代建筑，砖木结构，面积 204 平方米。硬山顶，封火山墙，麻石质门框，普通对开木门，门上镶“理学名家”青石匾额。内结构为二进式二天井，分门厅、正厅及左右厢房，门厅和正厅为六开间单檐平房，厢房为单檐八开间楼房，明次间抬梁结构用材硕大，斜撑、月梁等均雕有各类纹饰。蔡氏老宅对于研究清代民居建筑格局及蔡氏家族史具有一定参考价值。

蔡氏老宅地理位置图

蔡氏老宅

# 中佬古井

中佬古井位于江西省九江市永修县滩溪镇滩溪村中佬村民小组，明代修建，砖石结构，面积0.6平方米。井沿为麻石质，井壁为砖砌，井沿20厘米处有两个对称溢水口，井深3.35米。该井对于研究当地历史及民俗具有一定参考价值。

中佬古井

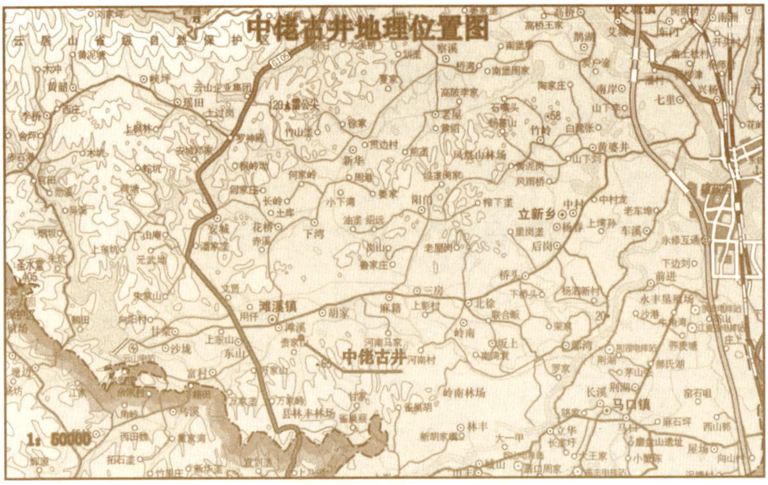


中佬古井地理位置图

# 戴家老屋

戴家老屋位于江西省九江市永修县滩溪镇胡家村石符村民小组，清代建筑，砖木结构，坐北朝南，面积350平方米，“三六九”青砖砌墙，四面均有封火山墙，一开间，普通对开木门，门框为麻石质，门头有青石质门匾，上书“注礼家风”四字。内结构为一进式一天井，中为大堂，两边有厢房，厢房间有廓道相连，厢房共6间，分两层，二层为1.5米高绣阁，明次间抬梁结构，梁下均由木柱与地面支撑，木柱垫红石柱础。戴家老屋面阔25米，进深14米，高2.3米。该建筑对于研究戴氏家族史及清代建筑风格具有一定参考价值。

戴家老屋地理位置图

戴家老屋

千年遗珍

# “天水世家”牌楼

“天水世家”牌楼

“天水世家”牌楼位于江西省九江市永修县滩溪镇胡家村上怡村民小组，始建于清代，民国元年（1912）重修，砖石结构，面积12平方米，青砖砌墙，顶部有瓦头，红石质门框，青石门匾，上书“天水世家”四字。整个牌楼呈“凹”梯字形，两边扇面已大部分损毁。该牌楼对于考证当地历史及民俗民风均具有一定参考价值。

“天水世家”牌楼地理位置图

# 后港桥

后港桥位于江西省九江市永修县滩溪镇胡家村石符村民小组（东北方向约200米处）。有4个麻石质菱形桥墩，3路麻石条（共9根）铺面，长14.3米，宽0.95米，高0.9米。后港桥对于研究当地历史具有一定参考价值。

后港桥

后港桥地理位置图

# 书院湖桥

书院湖桥位于江西省九江市永修县艾城镇艾城村书院湖上，始建于清代，历代多次重修，有2个菱形桥墩，4根麻石条铺面，桥长5.6米，宽1.35米，高1.3米，桥墩长2.7米，宽1.7米，保存现状一般。该桥对于探讨古艾邑历史上的道路交通情况具有一定参考价值。

书院湖桥

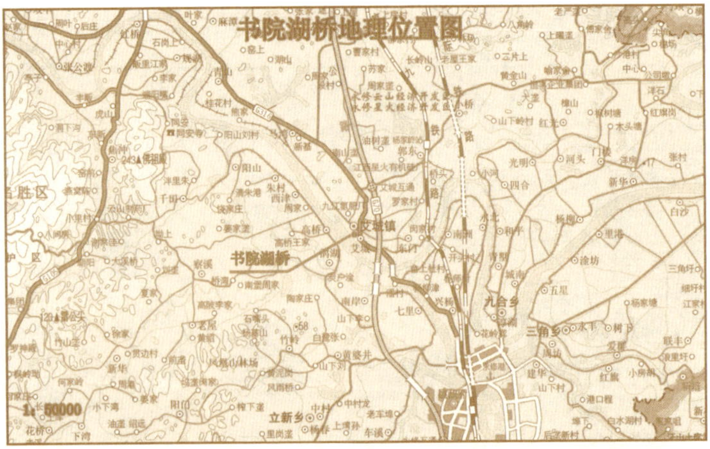


书院湖桥地理位置图

# 张朝燮、王经燕烈士墓

张朝燮、王经燕烈士墓位于江西省九江市永修县艾城镇艾城村张家山（昌九高速公路东北方向 50 米处），建于民国年间，中华人民共和国成立后曾多次维修。丈夫张朝燮，永修艾城人，中共江西省委组织委员，1927 年于艾城城隍庙英勇就义，年仅 25 岁。妻子王经燕，永修九合人，曾代理江西省委组织部部长、中共永修县委书记，1928 年在南昌英勇就义，年仅 26 岁。合墓面阔 4.8 米，封土堆高 2.5 米，封土堆直径 3.8 米。该墓对开展爱国主义传统教育具有重要意义。

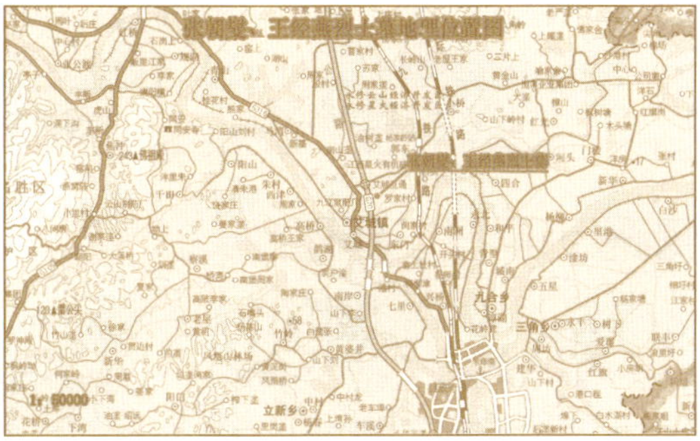


张朝燮、王经燕烈士墓地理位置图

张朝燮、王经燕烈士墓

# 抗日战争碉堡遗址

抗日战争碉堡遗址

抗日战争碉堡遗址位于江西省九江市永修县艾城镇东门村袁家村民小组南浔铁路老路基旁，钢筋水泥建筑，共分三层，四周都分布有枪眼若干，长5.6米，宽6.7米，高8米，现为当地养鸭户熊军保居住。该碉堡为抗日战争时期日本侵略军所建，碉堡遗址是日本侵略中国一处铁的证据，对于开展革命传统教育具有非常重要的意义。

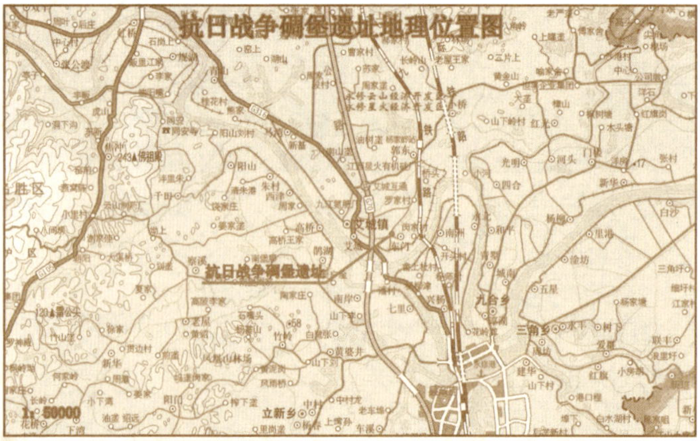


抗日战争碉堡遗址地理位置图

# 余林水烈士墓

余林水烈士墓位于江西省九江市永修县艾城镇东门村赵家村民小组杨柳津公路桥东北方向约2公里处。余林水为对越自卫反击战烈士，1956年10月1日出生，1979年3月牺牲，年仅23岁。该墓为其衣冠冢。墓碑为1992年艾城中学团支部立。碑高0.95米，宽0.65米。封土堆高0.5米，直径1.8米。该墓对于开展革命传统教育、学习烈士先进事迹具有进步意义。

余林水烈士墓

余林水烈士墓地理位置图

# 魏家麻石桥

魏家麻石桥位于江西省九江市永修县艾城镇东门村魏家村民小组（京九铁路西北方向约500米处）。建于清代，现代重修，东西走向，全长2.3米，宽3米，高1.2米，麻石条铺面，桥墩由麻（片）石砌筑，桥孔为竖长方形。魏家麻石桥对于研究清代桥梁建造工艺有一定参考价值。

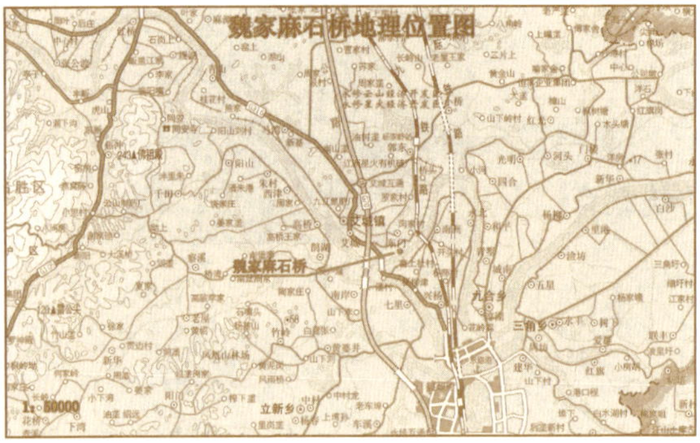


魏家麻石桥地理位置图

魏家麻石桥

# 郭东麻石桥

郭东麻石桥位于江西省九江市永修县艾城镇郭东村桥头村民小组（郭东圩堤西北方向约500米处），清代建造，南北走向，长15米，宽2.1米，高1.9米，两端为八字形桥墩，中间2个菱形桥墩，墩上纵列7路麻石条（梁）。此桥为本次普查中发现的最宽的麻石桥，对于研究晚清桥梁建设工艺具有重要参考价值。

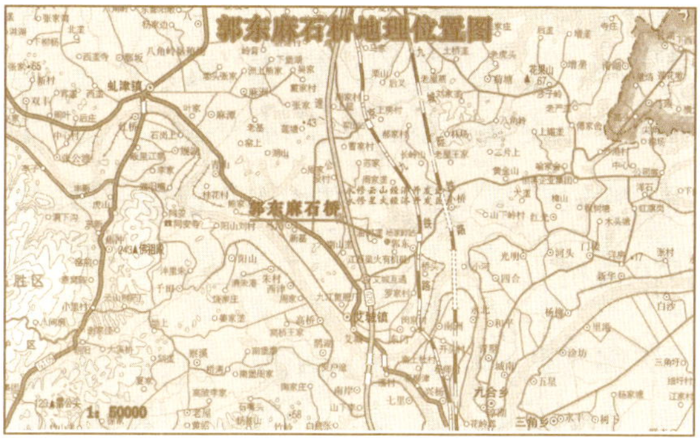


郭东麻石桥地理位置图

郭东麻石桥

# 长工桥

长工桥位于江西省九江市永修县艾城镇小桥村彭家村民小组（昌九城际铁路永修特大桥东北方向约3000米处），清代修造，南北走向，长11米，宽1.6米，高2米。水中为3个石砌桥墩，由麻石和红石交叉砌筑，墩上纵列5路麻石条（梁），其中1根已毁。两端为八字形桥墩，中间菱形桥墩。传说该桥为长工所建，因而名为长工桥。该桥对于研究清代建桥工艺具有一定参考价值。

长工桥

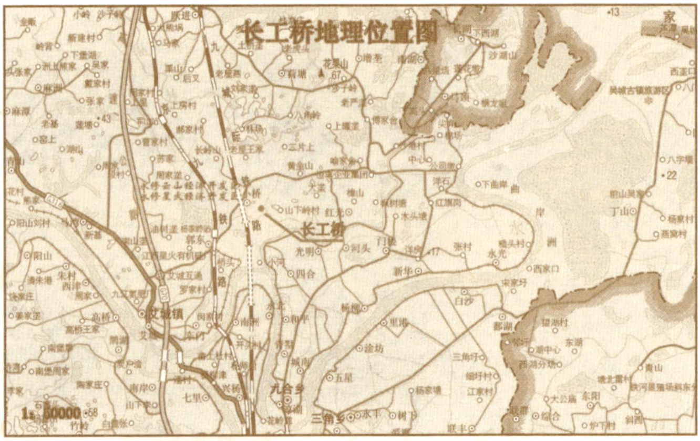


长工桥地理位置图

# 杨经胜老屋

杨经胜老屋

杨经胜老屋位于江西省九江市永修县马口镇立华村化里村民小组，清代建筑，砖木结构，坐北朝南，面阔13.2米，进深12米，高5米，一重进一天井，分两层。前门有阳刻“松竹长青”青石匾额，红石镶框，红石上有阳刻花纹。大门为麻石镶框，麻石门槛，红石地基。屋内中为客堂，两边为厢房，右边厢房1979年已整体拆毁，门窗均有各类纹饰镂空雕花，客堂前半部分为红石铺地，其他均为泥土地面。该建筑对于考证当地民俗民风具有一定参考价值。

杨经胜老屋地理位置图

# 杨氏祖屋

杨氏祖屋

杨氏祖屋位于江西省九江市永修县马口镇立华村化里村民小组，清代建筑，砖木结构，坐北朝南，面阔13.8米，进深15.9米，高8米，硬山顶，二重进一天井。前门有“□居之安”阳刻青石匾额，红石镶框，刻有阳刻花纹。麻石质门框、门槛。内结构中为客堂，两边有厢房，厢房分两层，门窗均有各类纹饰镂空雕刻，天井地面及天井框均为红石结构，青石板铺地。该建筑对于研究清代江西民居建筑特色具有一定参考价值。

杨氏祖屋地理位置图

# 万寿宫遗址

万寿宫遗址位于江西省九江市永修县马口镇城山村梁万村民小组（新丰公路西约 150 米处），明代建筑，面积 1000 平方米。万寿宫原为一道观，规模较大，20 世纪 70 年代毁于火灾，当地村民在现遗址集资建有一新庙堂，庙堂内收藏有一口清乾隆年造“洪声”（铁器）。该遗址对于探讨当地道教流传历史具有一定参考价值。

万寿宫遗址

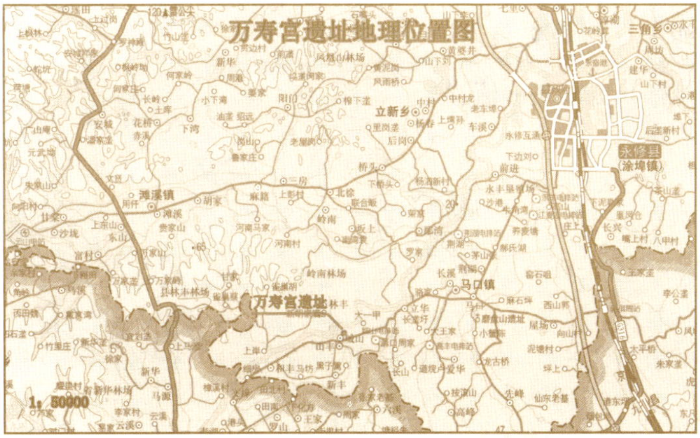


万寿宫遗址地理位置图

# 郝氏老宅

郝氏老宅位于江西省九江市永修县马口镇荆湖村大港头村民小组，清代建筑，砖木结构，坐西朝东，面阔20米，进深22米，高8米，二重进六天井，分前厅和后堂两部分，大堂与厢房均由回廊相连，门、窗、护栏、斜撑、雀替均雕刻精美，天井与回廊均红石铺地，部分厢房为木地板，其余均为泥土地面。硬山顶，“三六九”青砖墙，门框上镶有“太原世第”青石匾额。该建筑对于研究古代山西人迁徙历史及当地建筑风俗具有一定参考价值。

郝氏老宅地理位置图

郝氏老宅

# 顾家老宅

顾家老宅位于江西省九江市永修县马口镇高峰村大顾村民小组，清代建筑，砖木结构，一重进一天井，前门上镶有“真逸家□”青石匾额，边框有阳刻花纹，门框、门槛为麻石质，青砖砌墙。内结构中间为客堂，两边为厢房（6间），门、窗上有各类纹饰镂雕，斜撑、雀替均刻有动物造型，二层护栏上有“福、寿、竹”镂空木雕，厢房为木地板，客堂及天井为麻石铺地，其余为泥土地面。面阔 11.2 米，进深 12.5 米，高 7 米。该建筑对于研究清代民居建筑特色及当地民俗具有一定参考价值。

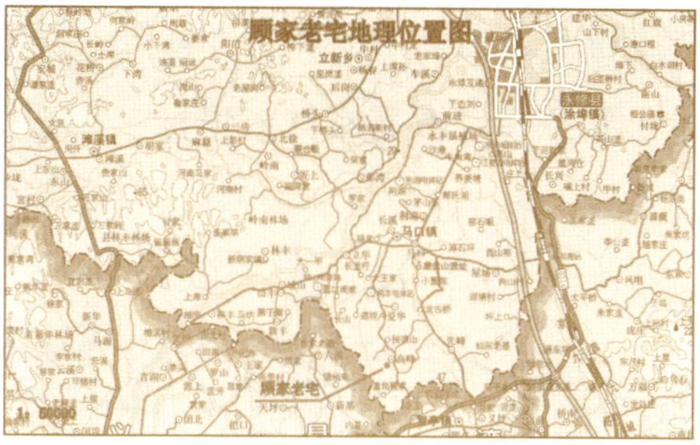

顾家老宅地理位置图

顾家老宅

千年遗珍

# 程家老宅

程家老宅位于江西省九江市永修县马口镇高峰村富程村民小组，清代建筑，砖木结构，两重进两天井，面阔 12.3 米，进深 22 米。前门门头镶有“瑞霭朝岚”青石阳刻匾额，红石镶框，门框为麻石质，大门两侧上下各有窗户 4 个。内结构中间为客堂，两边有厢房 10 间，天井为麻石铺地，其余为泥土地面，大堂与厢房均由回廊相连，客堂腰墙及二层护栏上均刻有各类纹饰图案。该建筑对于考证清代江西建筑艺术及程氏家族史均具有一定参考价值。

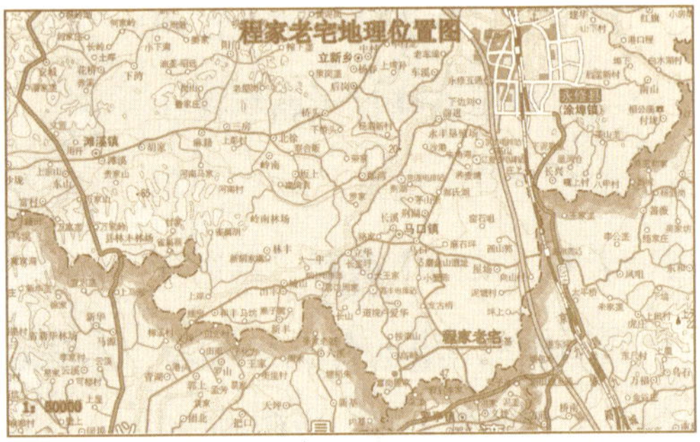


程家老宅地理位置图

程家老宅

# 程家祖屋

程家祖屋位于江西省九江市永修县马口镇高峰村富程村民小组，清代建筑，全木结构，面阔 13.7 米，进深 10.2 米，高 6 米，悬山顶，小青瓦，瓦件已大量残损，外结构由全木质板拼接，两侧有部分土坯墙。一开间，柱础为红石质，内结构分大堂和左右厢房，大堂为泥土地面，厢房地面为木地板。该建筑对于考证程氏家族史具有一定参考价值。

程家祖屋地理位置图

程家祖屋

# 高峰磨盘山遗址

高峰磨盘山遗址位于江西省九江市永修县马口镇高峰村大顾村民小组，是商周时期遗址，台地地形，面积 10000 余平方米，经调查发现大量陶片，文化层堆积较丰富。该遗址对于进一步研究商周时期古艾文化具有十分重要的参考价值。

高峰磨盘山遗址地理位置图

高峰磨盘山遗址

# 土塘石桥

土塘石桥位于江西省九江市永修县马口镇先锋村土塘村民小组，清代修建，全石结构，3路麻石条（共6根）并列铺面，有3个桥墩，中间为菱形，两边为八字形，桥墩上有题刻，上书“清乾隆三十六年辛卯岁造”。桥长12米，宽1米，高1.6米。该桥对研究清代建桥工艺具有十分重要的价值。

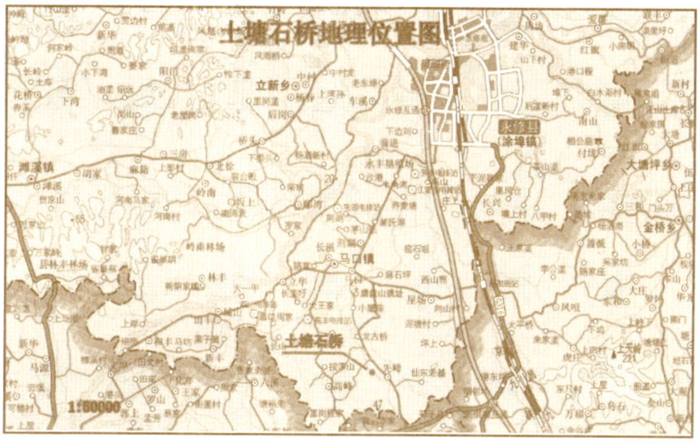

土塘石桥地理位置图

土塘石桥

# 花昙寺桥

花昙寺桥位于江西省九江市永修县马口镇先锋村仙东村民小组，清代修建，全石结构，长 10 米，宽 0.9 米，高 1.7 米。3 路麻石条（共 6 根）平行铺面，有 3 个桥墩，中间为菱形，两边为八字形。桥墩上有年款，记载“丰六仙东，国奉邓维重修，大清乾隆丁卯……”。该桥对于研究清代建桥工艺具有十分重要的参考价值。

花昙寺桥地理位置图

花昙寺桥

# 裕桶桥

裕桶桥位于江西省九江市永修县马口镇先锋村裕桶村民小组，清代修建，全石结构，长 5.5 米，宽 1.1 米，高 1.45 米，3 根麻石条铺面，有 2 个八字形桥墩，桥墩上有年款，为“清乾隆三十年”字样。该桥对于探讨清代建桥工艺具有十分重要的参考价值。

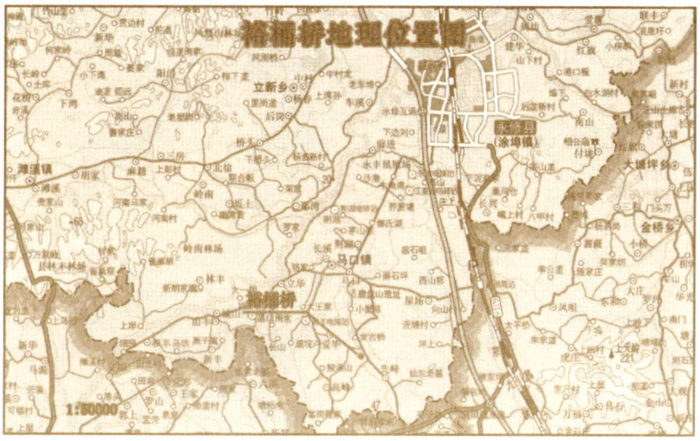


裕桶桥地理位置图

裕桶桥

# 下泥侵华日军碉堡

下泥侵华日军碉堡位于江西省九江市永修县永丰垦殖场下泥村（南浔铁路路基东侧），民国，全钢筋水泥砖石结构，直径4米，高6米，单体建筑，圆形，内设15个机枪枪眼，有一个门洞出入。该碉堡为抗日战争时期日本侵略军所建，是日本军国主义侵华铁的证据。该碉堡对于考证抗日战争历史及开展爱国主义革命传统教育具有非常重要的价值。

下泥侵华日军碉堡地理位置图

下泥侵华日军碉堡

# 勒氏祖宅

勒氏祖宅位于江西省九江市永修县永丰垦殖场付垅村付家垄村民小组，明代建筑，砖木结构，硬山顶，四重进，九天井，规模宏大。面阔 21 米，进深 42.5 米，高 10 米，总面积 892.5 平方米。外墙为青砖，麻石台阶，台沿为红石条，门头上镶有“长兴世第”篆书门匾，门檐上各有 3 组 5 路由瓦头建造的门罩，门罩两角各有龙纹翘角一对，屋顶有呈凹字型约 1.5 米高封火山墙。内结构分前堂、中厅、后堂三部分，两边有厢房数十间，各厢房间由客堂及回廊相连，内结构建材均为木质，梁架下有数十根大型木柱作为支柱，支柱下垫红石柱础，月梁、抬梁上有各类纹饰镂雕。附属建筑有厨房，位于建筑主体两侧。该建筑对于考证清代建筑艺术及格局具有十分重要的参考价值，其历史、艺术、科学价值极高。

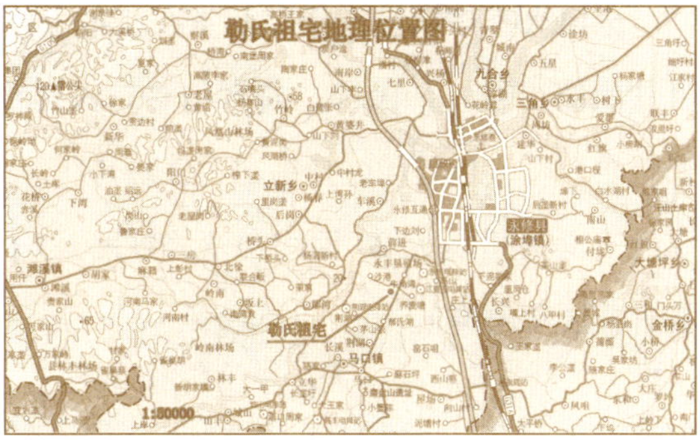


勒氏祖宅地理位置图

勒氏祖宅

# 涂埠火车站旧址

涂埠火车站旧址位于江西省九江市永修县涂埠镇涂埠村菜园村民小组（铁山路 1 号），民国，砖木结构，占地面积 3000 余平方米，主要建筑物有候车厅、售票厅、托运房、值班房等，均为 20 世纪二三十年代建筑。该建筑群对于研究 20 世纪初永修铁路运输史及“八一”南昌起义革命史具有重要参考价值。

涂埠火车站旧址地理位置图

涂埠火车站旧址

# 袁氏古墓群

袁氏古墓群位于江西省九江市永修县三角乡树下村沙湖村民小组（以东约 500 米），总面积约 200 平方米，有清代乾隆至光绪年间古墓 10 座，均为土堆葬，墓前均有青石墓志碑刻。其中最具代表的是袁秋为墓，面积 2.25 平方米。袁秋为生于清嘉庆辛酉年（1801）十月，卒于同治甲戌年（1874）七月，生前曾被钦赐为登仕郎。该墓群对于探究袁氏家族史具有一定参考价值。

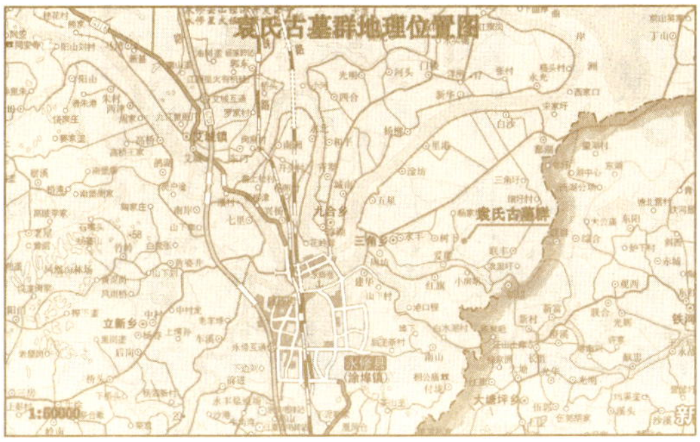


袁氏古墓群地理位置图

袁氏古墓群

# 王环心、淦克群烈士合墓

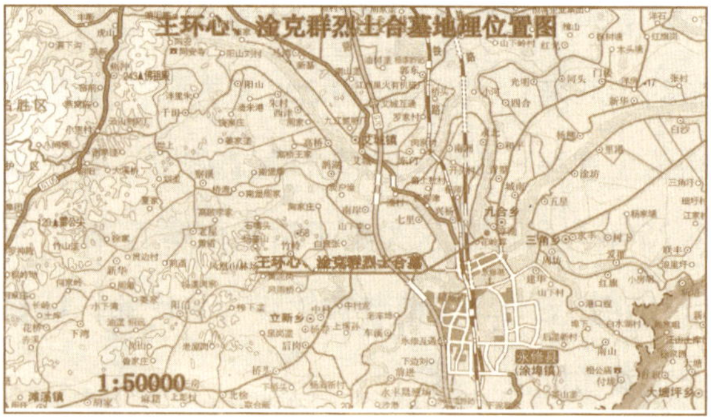

王环心、淦克群烈士合墓地理位置图

王环心、淦克群烈士合墓

王环心、淦克群烈士合墓位于江西省九江市永修县九合乡淳湖村王家村民小组，民国修建，总占地面积10.2平方米。王环心生于1901年，系江西省委委员、赣北特派员、中共永修县委书记，1927年英勇就义。其妻淦克群生于1906年，系江西省妇女协会会员、中共永修县委委员，1930年英勇就义。该墓前有一块墓志碑和左右两块生平碑，后为封土堆。2009年，县民政局对墓区进行了重新规划，修建了墓园围墙、瞻仰台、纪念碑等设施。该墓对于研究永修革命史和开展爱国主义革命传统教育具有十分重要的意义。

# 杜家老井

杜家老井位于江西省九江市永修县九合乡光明村杜家村民小组（祠堂西侧约 50 米处），宋代修建，井高 1.7 米，外直径 0.7 米，内直径 0.55 米，圆形，井沿为红石质，井壁为青石质。该井对于考证当地民俗具有一定参考价值。

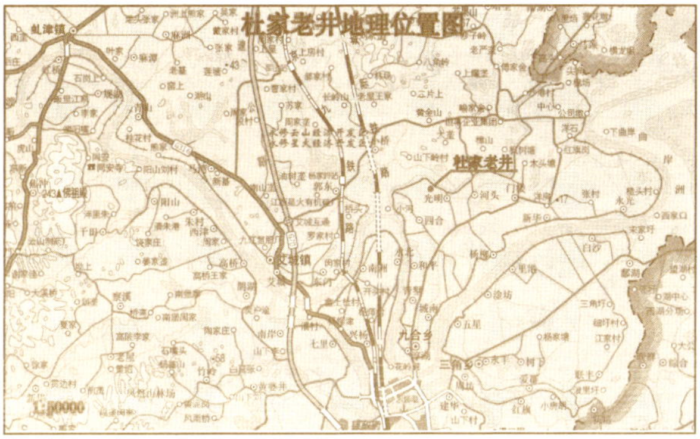

杜家老井地理位置图

杜家老井

# 涂钟贤墓

涂钟贤墓位于江西省九江市永修县九合乡门楼村坂上村民小组（西约50米处），明代修造，面积9平方米，土堆墓，前有青石墓碑，碑前为祭台。涂钟贤生于明代成化壬寅年（1842），卒于正德己卯年（1519），生前曾中进士，任衢州知府。该墓对于考证墓主生平及当地葬俗具有一定参考价值。

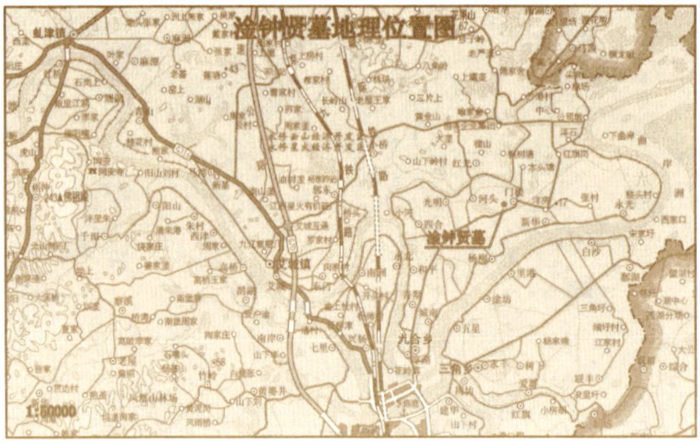


涂钟贤墓地理位置图

涂钟贤墓

# 坂上古井

坂上古井位于江西省九江市永修县九合乡门楼村坂上村民小组（东约300米处），明代修造，砖石结构，面积5.76平方米。古井井壁呈六边形，麻石质，部分为砖砌，井口有三块不规则形青石板铺面，把井口隔为两个井。该井对于考证当地民俗具有一定参考价值。

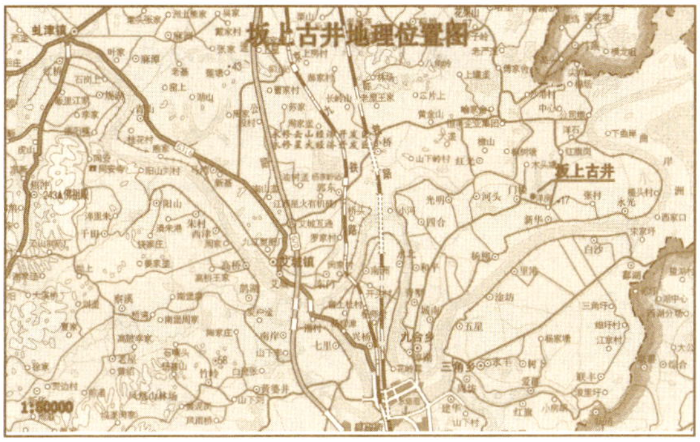


坂上古井地理位置图

坂上古井

# 门楼古村落遗址

门楼古村落遗址位于江西省九江市永修县九合乡门楼村坂上村民小组，元代遗址，总面积约 10000 平方米。通过初步调查，从遗址表土层采集到大量元、明、清及近现代瓷片，主要遗迹有古井、屋基、墙基等。该遗址对于探讨当地历史具有重要参考价值。

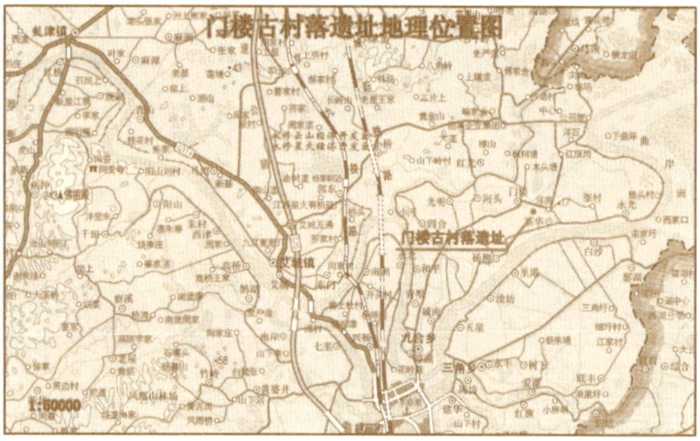


门楼古村落遗址地理位置图

门楼古村落遗址

# 莲花庵遗址

莲花庵遗址位于江西省九江市永修县九合乡城南村前城涂家村民小组，清代遗址，面积100平方米。莲花庵原名海棠庵，始建于清乾隆元年（1736），抗日战争时期毁于战火，现仅存一铁钟（铁钟高1.2米，直径0.7米）。该遗址对于考究当地佛教传播历史具有一定参考价值。

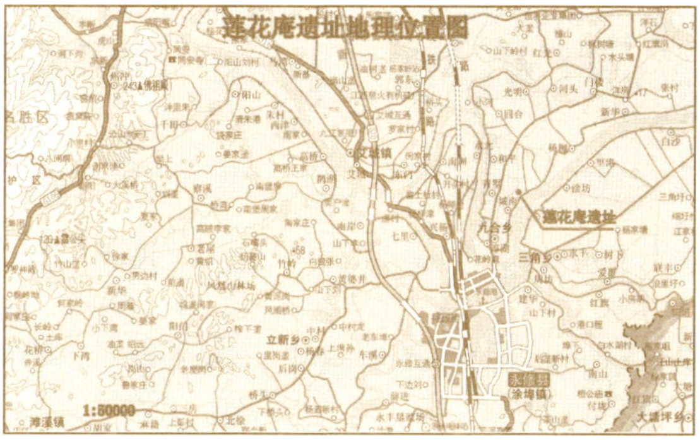


莲花庵遗址地理位置图

莲花庵遗址

# 龟山战斗战场

龟山战斗战场位于江西省九江市永修县恒丰企业集团龟山村，占地面积 10000 余平方米。1938 年抗日战争时期，中国军队与日本军队作战，由日军所挖，国军死伤 1 万余人，日军取得胜利。该遗址是日本帝国主义侵华又一处铁的证据，对于开展革命传统教育具有十分重要的意义。

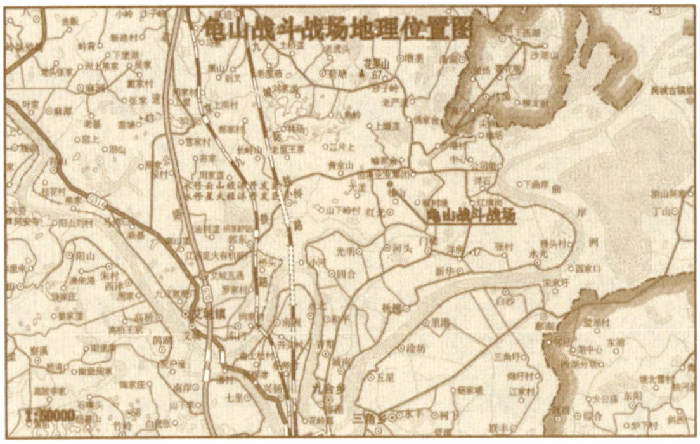


龟山战斗战场地理位置图

龟山战斗战场

# 徐家太婆张氏墓

徐家太婆张氏墓位于江西省九江市永修县立新乡北徐村北徐村民小组，清代墓，面积18平方米。有青石墓碑，篆刻字体书“徐家太婆张氏之墓”，因紧靠后立的一块青石碑后，碑文难以看到完整内容。墓封土堆形状特异，由六层青石铺成圆形垒叠而成，顶层为麻石质宝葫芦状，麻石底部有一方形小孔，与顶部葫芦形麻石上小孔吻合对盖。该墓对于探讨当地葬俗具有非常重要的参考价值。

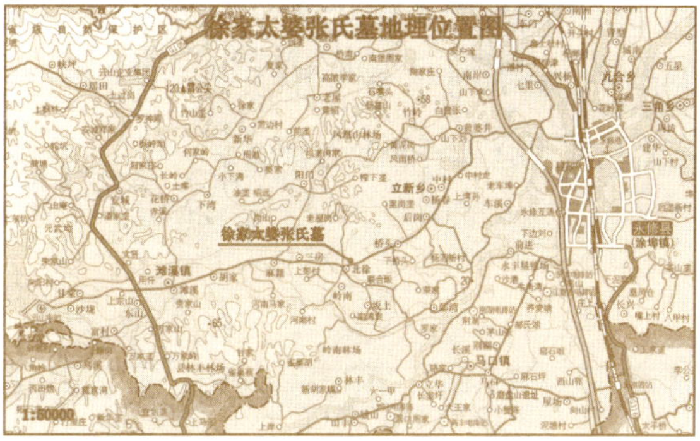


徐家太婆张氏墓地理位置图

徐家太婆张氏墓

# 四方古井

四方古井位于江西省九江市永修县立新乡坂上村井头村民小组，明代修造，面积1平方米。井口由四块大小相等的青石板拼构为正方形，对称有溢水口两个。据说该村民小组的名称是由此井而来，该井对于考证当地历史具有十分重要的参考价值。

四方古井

四方古井地理位置图

# 罗神殿“文革”标语

罗神殿“文革”标语位于江西省九江市永修县云山企业集团（果林公司仓库外墙壁上），20 世纪 60 年代末书写，竖长方形，仿宋字体，共 6 条，均为橙色油漆在白色墙壁上书写。该标语墙对于研究“文革”时期历史具有十分重要的参考价值。

罗神殿“文革”标语

罗神殿“文革”标语地理位置图

# 杨志善堂

杨志善堂

杨志善堂位于江西省九江市永修县吴城镇（樊家垄社区居民巷内），清代建筑，砖木结构，面积300平方米，一进式一天井，硬山顶，外墙为“三六九”青砖，有前后门和侧门，正门上书写“杨志善堂”四字。内结构分前、后堂和左、右厢房，厢房用木板或篱笆隔墙，厢房门上分别有“福”“禄”“寿”“诞”木雕字体，地面大部分用青砖铺地，仅进门处为泥土地面，厢房为木地板。该建筑对于研究吴城古镇风土民俗及建筑特色提供了实证。

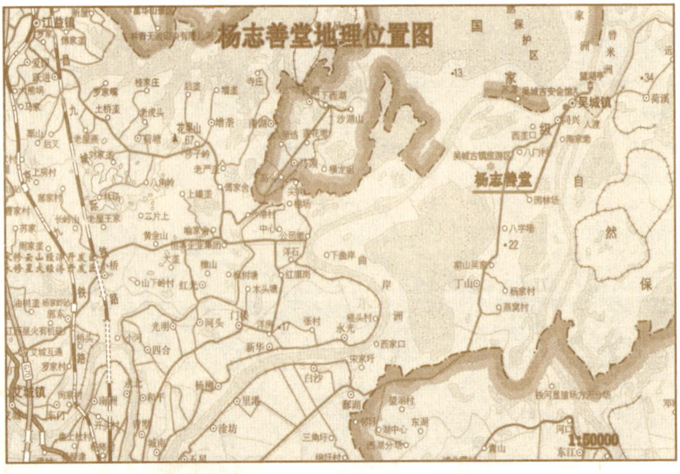


杨志善堂地理位置图

# 李家牌楼

李家牌楼位于江西省九江市永修县吴城镇丁家山村李家村民小组，清代修建，砖石结构，面阔 28.5 米，中心高 5.5 米，主体构件为红石质，框架间用青砖砌实，至坊顶呈山字形，牌楼两边延伸段均用青砖砌成。该牌楼对于探讨古代江西牌坊文化及建筑工艺具有重要参考价值。

李家牌楼

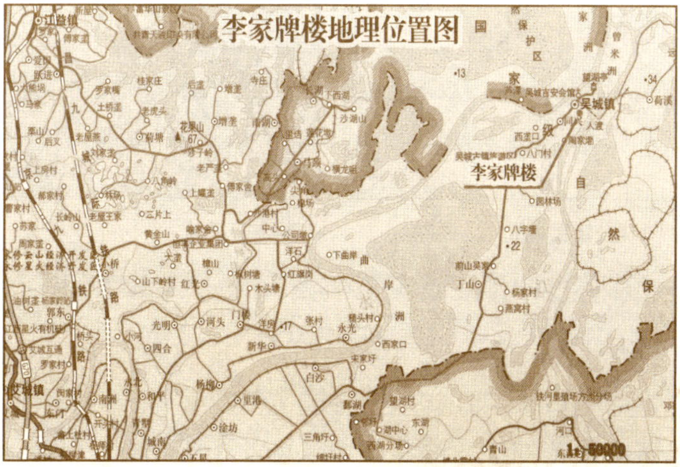


李家牌楼地理位置图

# 新村港石桥

新村港石桥位于江西省九江市永修县柘林镇易家河村新村村民小组，清代修建，面积 28.2 平方米。该桥两头为麻石质八字形桥墩，中间为两个菱形红石质桥墩，水泥预制板铺面，长 14.1 米，宽 2 米，高 2.65 米。此桥 20 世纪 90 年代曾重修，原麻石条面全替换成水泥预制板面，部分桥墩采用水泥加固。新村港石桥对于研究地方历史具有一定参考价值。

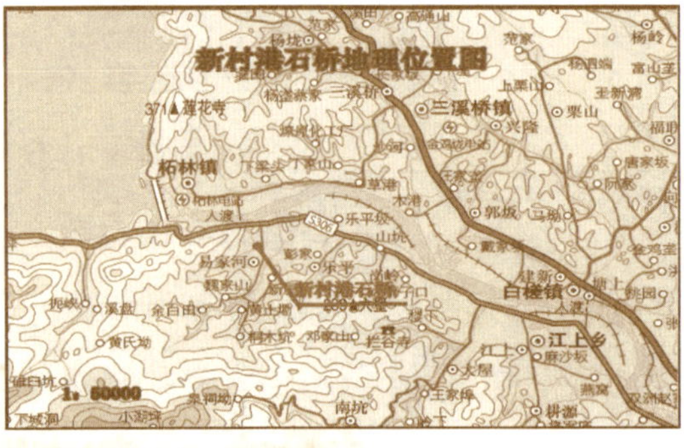


新村港石桥地理位置图

新村港石桥

# 铜门坑桥

铜门坑桥位于江西省九江市永修县柘林镇易家河村高山村民小组，清代建造，全石结构，面积 3.6 平方米。该桥有 2 个八字形麻石质桥墩，3 根麻石条并排铺面，长 3.6 米，宽 1 米，高 1.7 米。该桥对于探讨地方历史具有一定参考价值。

铜门坑桥地理位置图

铜门坑桥

千年遗珍

# 立新石桥

立新石桥位于江西省九江市永修县三溪桥镇三溪桥村立新村民小组，清代建造，全石结构，面积45平方米。两头为八字形麻石桥墩，中间为2个麻石质菱形桥墩，5路麻石条并行（共15块）铺面，长30米，宽1.5米，高1.1米。该桥是“三普”中所发现的较宽石桥之一，对于研究地方历史及清代建桥工艺具有一定参考价值。

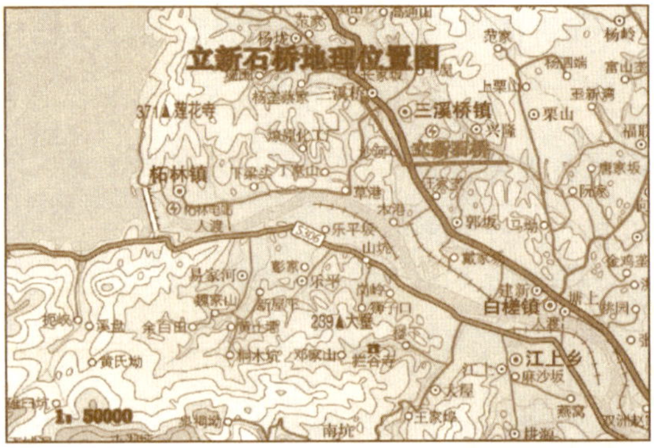

立新石桥地理位置图

立新石桥

# 新垅桥

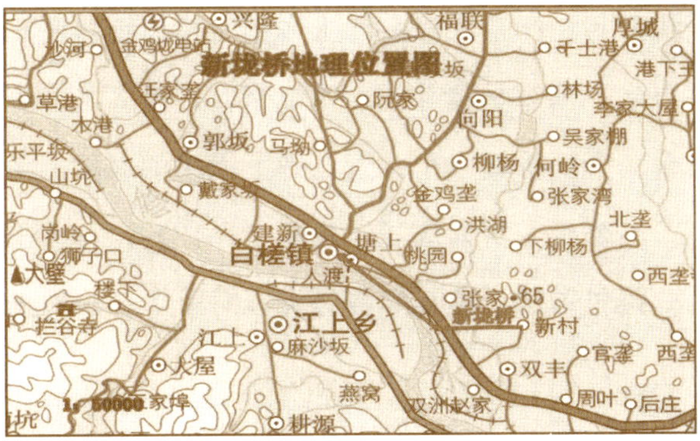


新垅桥地理位置图

新垅桥

新垅桥位于江西省九江市永修县白槎镇塘上村新垅村民小组，清代造，全石结构，面积近14平方米。有2个八字形麻石桥墩，3块麻石条并行铺面，长6米，宽2.3米，高1.8米。该桥对于研究地方历史具有一定参考价值。

# 赵公与妻王氏合墓

赵公与妻王氏合墓位于江西省九江市永修县江上乡南坑村何坂村民小组，清代修造，面积4.5平方米。墓冢呈覆斗状，高2米，边长5米。墓前有青石碑两块（残），祭台一个，香案一个，青石碑上镌隶书“故显考赵公与显妣王老孺人合墓”。赵公生于清嘉庆二十三年（1818），其妻王氏生于嘉庆十六年（1811），殁年不详。该墓规模较大，对于考证当地历史及葬俗均具有一定参考价值。

赵公与妻王氏合墓地理位置图

赵公与妻王氏合墓

# 新屋桥

新屋桥位于江西省九江市永修县燕坊镇金坂村新屋村民小组，清代修造，全石结构，面积约 24.5 平方米。4 个菱形麻石质桥墩，4 路麻石条平铺（共 12 块）桥面，长 14.4 米，宽 1.7 米，高 2.9 米。该桥对于研究地方历史及清代民间建桥工艺具有一定参考价值。

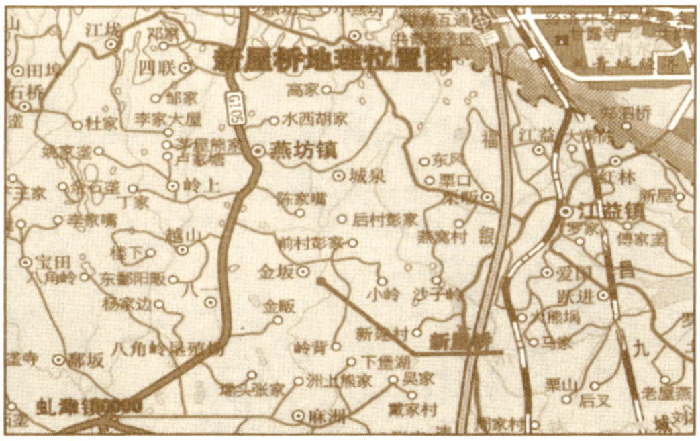


新屋桥地理位置图

新屋桥

千年遗珍

# 系马石拱桥

系马石拱桥位于江西省九江市永修县八角岭垦殖场八一村系马村民小组，始建于清代，现桥为2007年重修，全石结构，面积68.4平方米。原桥全由麻石建造，重修时桥面已铺上水泥。长11.4米，宽6米，高3.9米。该桥对于研究当地历史具有一定参考价值。

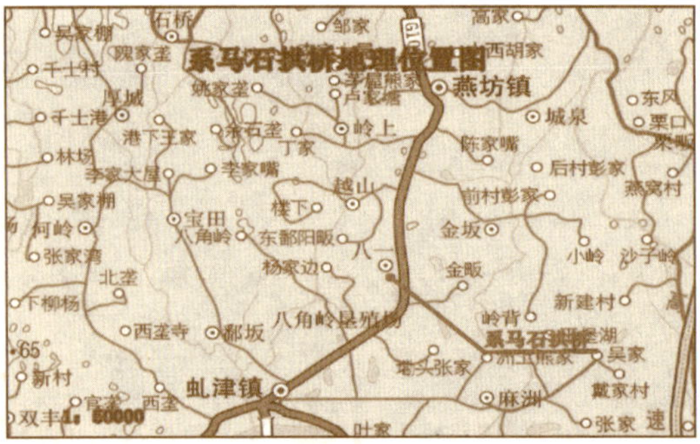


系马石拱桥地理位置图

系马石拱桥

# 石下桥

石下桥位于江西省九江市永修县虬津镇麻潭村石下村民小组，始建于清代，20 世纪 60 年代末重修，全石结构，面积约 33.3 平方米。5 个麻石质菱形桥墩，4 路麻石条（共 16 块）平行铺面，长 6.8 米，宽 4.9 米，高 5.2 米。该桥对于考证地方历史具有一定参考价值。

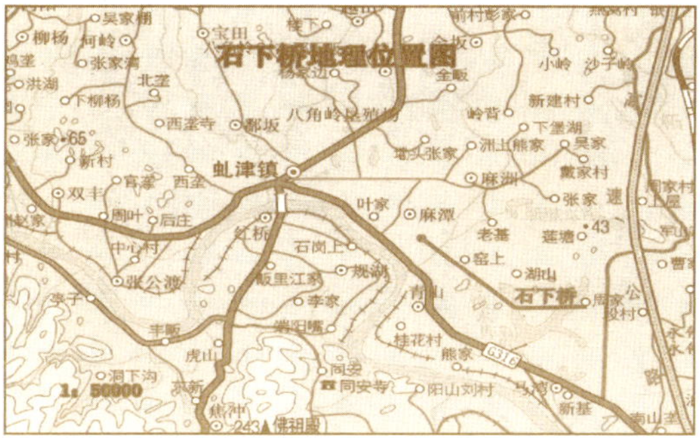


石下桥地理位置图

石下桥

千年遗珍

# 刘家老宅

刘家老宅位于江西省九江市永修县艾城镇马湾村林下村民小组，民国建筑，砖木结构，面积115.5平方米。该建筑为普通民宅样式，三开间一重进，青砖砌墙，小青瓦盖顶。内结构中为客堂，两边为厢房，穿斗式梁架，厢房为单檐三开间楼房，用材硕大。该建筑对于考证刘氏家族史及当地民俗民风均具有一定参考价值。

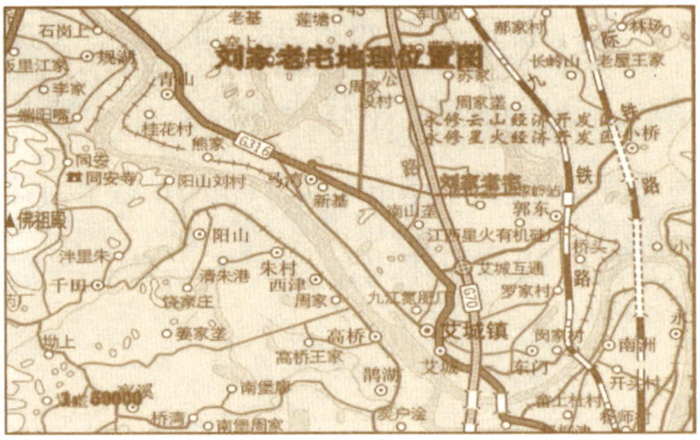


刘家老宅地理位置图

刘家老宅

# 陈门彭氏墓

陈门彭氏墓位于江西省九江市永修县艾城镇马湾村陈昌村民小组，明代墓，面积1.5平方米。墓冢基本已平，地表仅见青石墓碑一块，上书“明故母陈门彭氏墓”，陈彭氏生于明万历癸未年（1583）七月，殁于明天启丁卯年（1627）正月。该墓对于考证陈氏家族史及明代民间葬俗具有一定参考价值。

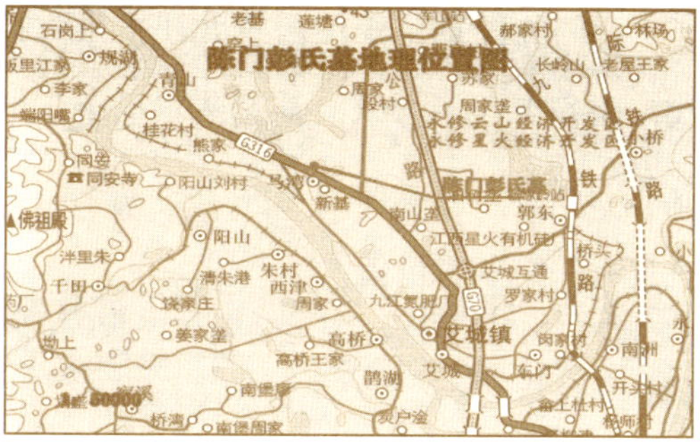

陈门彭氏墓地理位置图

陈门彭氏墓

千年遗珍

# 北门陈氏墓

北门陈氏墓位于江西省九江市永修县艾城镇马湾村陈昌村民小组，明代，面积1.5平方米。墓冢基本已平，地表仅见麻石碑刻一块，上书“明故北门陈墓”“嘉靖癸亥年十月立”。该墓对于考证地方历史及陈氏家族史具有一定参考价值。

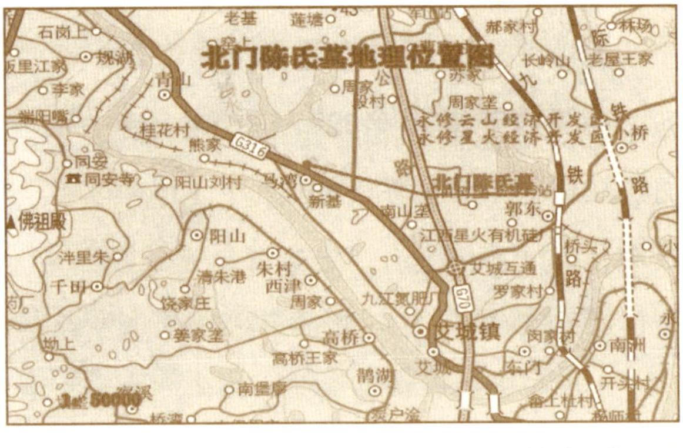


北门陈氏墓地理位置图

北门陈氏墓

# 李村古村落遗址

李村古村落遗址位于江西省九江市永修县恒丰企业集团虎头岭农贸公司李家村，面积 30000 平方米。李村形成于唐代，以李姓居民为主，原有古民宅、祠堂、桥梁等多处文物古迹，21 世纪初，星火有机硅工程改扩建，征地时被拆毁，现仅存砖石瓦砾。该遗址对于研究李村历史渊源具有一定参考价值。

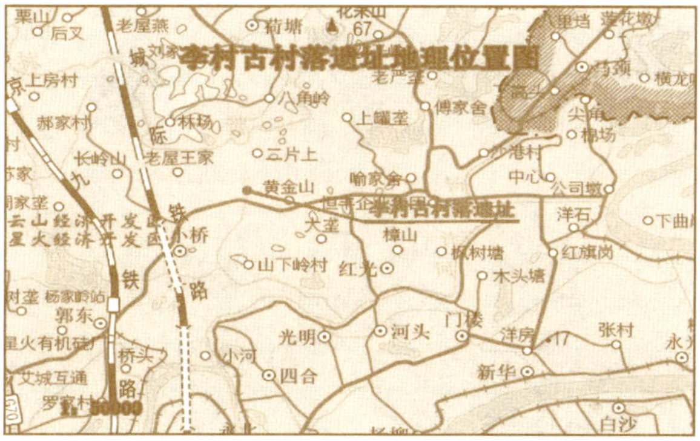

李村古村落遗址地理位置图

李村古村落遗址

千年遗珍

# 理论探讨

# 抢救传统建筑　留住历史文明

俗话说一个家庭如果缺少老人，就会缺乏温暖度和亲切感。古建筑是活着的历史，也是可以触摸的时代记忆。它记录着时代的变迁，蕴含着地域文化特色，充盈着不同的建筑智慧。永修的青山绿水间散布着许多以古建筑为亮点的文化遗产，积淀着祖祖辈辈永修人的历史记忆和厚重文化，具有很高的历史价值、艺术价值、文化价值、科学价值和旅游价值。传承、保护、利用好这些不可再生的历史文化遗产和潜在的文化旅游资源，必将更好地为“三个基地、一个中心”建设服务。

## 一、我县古建筑基本现状及主要特点

### （一）基本现状

据第三次文物普查统计，我县有古遗址、古墓葬、古建筑、石刻、近现代重要史迹及代表性建筑等不可移动文物（文化遗产）228处，其中建筑类文物108处，具体分为宅第民居22处，坛庙祠堂12处，驿站会馆1处，牌坊影壁7处，寺观塔幢2处，桥涵码头56处，池塘井泉8处。各级文物保护单位50处左右，其中全国重点文物保护单位1处，省级3处，县级近50处。

### （二）主要特点

1．历史源远流长。我县古建筑大多始建于唐至清或民国时期，历史印迹厚重。如云居山真如寺及历代僧塔始建于唐代，吴城吉安会馆始建于明代，现存建筑也为清代嘉庆或道光年间重修。

2. 布局星罗棋布。全县绝大部分地方均有分布，尤以吴城、艾城、立新、滩溪、云山等地较为丰富。

3. 风格形式多样。建筑规模宏大的如云居山塔林，仍保留着从唐至近现代各种风格僧塔近百座；建筑艺术精美的如吴城吉安会馆、三溪桥河桥古民居，均是典型的徽派建筑风格，有精湛细腻的砖雕、石雕、木雕等装饰工艺。

## 二、存在的问题及原因分析

我县古建筑文化遗产在保护利用上存在的主要问题是：连片或单个建筑灭失速度不断加快，建筑本体均不同程度出现了物质性老化和功能性衰退，各级资金、人力投入匮乏等等。产生这些问题的原因主要是两个方面：

### （一）自然因素

1. 糟朽腐烂。我县地处亚热带湿润季风性气候区，一年之中雨水期所占比重相对较大，空气潮湿，直接导致建筑木构件受潮糟朽，最终损毁。

2. 白蚁虫害。我县古建筑基本为木结构或砖木结构，潮湿多雨的气候条件非常适合白蚁繁殖生衍，它们对古建筑的保存具有破坏性和灾难性。

3. 其他自然灾害。洪水、雷电、山洪暴发等也是造成古建筑损毁的重要因素。

### （二）社会人文因素

1. 对古建筑保护概念模糊，缺乏保护意识。政府一些官员与部分群众对文化遗产保护认识程度不高，没有形成文物资源可直接或间接地为当地经济建设服务的意识。突出表现是在计划经济时代一些乡镇大兴土木搞工程建设，对古民居、古街道、古会馆、古庙宇等建筑全面拆毁，使这些彰显区域个性的文化遗产遭受毁灭性破坏。一些村民保护意识淡薄，认为古屋是自己的，以至对古建筑贱卖、乱改乱建、任意拆毁的现象时有发生。据抽样调查，我县目前尚有50%的公职人员对文保法律法规知识知之甚少，60%的普通老百姓对古建筑保护观念是一片空白。

2. 新农村建设保护规划不完善、机制不健全。没有制定统一的保护规划和标准，在建设与保护中，建设高于保护，致使部分历史建筑遭到再次人为破坏。

3. 没有形成一套整体保护格局。无保障机制，措施不到位，保护队伍人员少，专业人才奇缺，尤其缺乏古建筑保护与管理等方面的复合型人才。维护经费严重不足。缺乏快速处理的联合执法机制。

## 三、对策和建议

习近平总书记指出，“要望得见山，看得见水，记得住乡愁”。古建筑等文化遗产就是每一个永修人乡愁记忆的见证，必须坚持“保护为主、抢救第一、合理利用、加强管理”的方针，按照“护其貌、显其颜、铸其魂、扬其韵、尽其用”的要求，采取科学有力的措施，才能推进古建筑等文化遗产的保护利用工作。

### （一）加强统一领导

一是成立机构。县委、县政府应高度重视，成立由常务副县长任组长的保护领导小组，各地也应成立相应机构，把古建筑保护与开发列入重要议事日程，并纳入国民经济和城乡建设总体目标。尽早制定出台《永修县文化遗产保护管理办法》，适时调整并公布保护名录。二是落实责任。建立“分级管理、属地为主”的责任机制，建立健全县、乡、村三级联动保护机制，树立“保护文物，守土有责”的意识，对文保员按月给予相应劳务报酬。三是部门协调。文物管理部门要牵头建立联席会议制度，明确职责，制定落实保护历史文化建筑的乡规民约。各部门要各司其职，积极协调解决古建筑等文化遗产保护和利用中的突出问题。

（二）加大保护力度

一要加大文物保护宣教力度。要充分运用广播、电视、网络、微信等媒体平台，多角度、多层次地宣传古建筑的历史、人文、经济、社会等价值；利用“5 · 18 国际博物馆日”“中国文化遗产日”等开展文物保护进校园、进社区、进企业、进农村等活动，在醒目处张贴“保护历史根脉、留住共同记忆”等宣传标语，加强全民文物保护意识。二要加大文物犯罪打击力度。公安、工商等执法部门要严格按照《文物保护法》等法律法规，采取有效措施打击文物犯罪行为，对犯罪分子实行严惩。设立举报电话，建立保护奖励机制，形成文物保护人人有责的全民共识。三要加大部门联动保护力度。要切实转变观念，在城市规划、新农村建设及旅游开发中，都要兼顾做好现代生活与古代文明的融合，比如，在新农村建设中使用部分资金对当地古建筑进行修旧如旧的维修保护，保持原有风貌，彰显新农村的历史古韵；命名一批蕴含永修文化特色的乡村、街巷，修建一批永修历史名人雕像或以历史名人命名的广场，建造一批历史名人纪念设施等等。本着对先辈敬仰、对子孙后代负责的态度，有效、合理、科学的传承、保护、管理好这些不可再生的文化遗产。

（三）制定保护规划

一是全面普查，摸清家底。组建专门机构和队伍，对全县进行一次全新的普查摸底，进一步调查古建筑的整体格局、风貌、规模及其历史渊源等。用图片、文字等影像资料进行深挖和提升，建立健全完整的古建筑档案体系，按分级分项保护要求及时上报县政府，并将相关内容列入古建筑保护名录。二是合理分类，逐级申报。对急需保护和修缮的重点古建筑，在全面分析其现状、特点和文化底蕴的基础上，选择历史特征较为明显、设计格局较为完整的建筑，列入文化遗产重点名录或作为上一级保护单位申报对象，为其争取更多的保护经费。三是科学编制，从严管控。在充分征求相关专家意见的基础上，对重点古建筑划设保护范围和建设控制地带，控制周围其他建筑的建设高度，落实保护责任人及保护机构。

（四）强化保障机制

建立“政府主导、社会参与、群众自筹”的资金筹措机制，切实解决古建筑保护和利用资金短缺难题。一要加大财政投入力度。按照中央提出的“五纳入”文物事业保障机制，县财政要在每年经费预算中，安排落实古建筑保护修缮专项资金，且逐年递增。积极整合，多渠道向上级各有关部门争取项目资金对古建筑进行保护与利用。二要广泛拓宽融资渠道。在发挥政府资金主渠道作用的同时，制定相关激励政策，鼓励和引导社会、民间资本以投资、合作开发、捐资、认保认养等方式广泛参与古建保护与利用。三要加强专业技术人才的培养和引进。对专业技术人才在工资和待遇上要给予倾斜，为他们提供一个舒适良好的工作环境。

（五）合理开发利用

建筑学家梁思成对古建筑保护有一句至理名言：“要让它延年益寿，不要返老还童。”我们一方面要举办专家研讨会，组建工作小组，联合各有关部门对面临自然破损、人为破坏的古建筑及时进行抢修和整治，对古建筑保护范围中的违章搭建进行拆除，尽量恢复原貌和风格。另一方面要按照“修旧如旧”“延年益寿”“合理利用”的思路，由政府牵头，部门通力协作，对相对较集中的古建筑群、历史街区统一修缮，有效利用；对散落在县境各处、难管理看护的单体古建筑，建议由政府出资收购，科学规划，整体迁移，复建和集中管理，并注入文化元素，打造历史文化特色街或建筑文化特色园，彰显海昏文化特色，形成古建筑保护开发利用的良性循环。

我们相信，有县委、县政府的正确领导，有社会各界的共同努力，职能部门监管到位，永修特色的古建筑不仅不会消失，反而会更加彰显无穷魅力，为现代及未来永修人留住一块能安放心灵的净土！

（该文入选永修县政协第十五届六次会议大会发言材料）

# 论农村文化市场建设

农村文化市场是社会公益性文化事业的重要组成部分，是向全社会提供公益性文化服务的重要渠道之一，是社会主义精神文明建设的重要阵地。坚持中国先进文化的前进方向，大力弘扬民族优秀文化，发展农村文化，是贯彻落实“三个代表”重要思想的必然要求，是全面建设小康社会的必然要求，也是促进经济社会协调发展和文化事业全面发展的必然要求。我们必须从全面建设小康社会的全局和实现中华民族伟大复兴的高度，深刻认识加强农村文化市场建设的战略意义，在推进社会主义物质文明和政治文明建设的同时，更加自觉地在广大农村推进社会主义文化建设。如何加快激活农村文化市场，建设多元化的农村文化发展格局，现结合我们对全县农村文化调查掌握的情况作一具体浅析。

## 一、认识与对策

笔者认为，发展农村文化市场必须以邓小平理论和“三个代表”重要思想为指导，解放思想，更新观念，扎实工作，力求实效。同时，立足于农村实际，抓住群众最需要的内容，突出载体的具体性、形式的多样性、内容的针对性、管理的易操作性，做到既提高广大农民的文化素质，又促进农村经济的发展，实现农村文化市场建设的新发展、新崛起，充分利用农村现有资源，建设先进文化。

（一）创建一批一流的乡（镇）宣传文化广播电视站和村文化活动室。在进一步巩固原有“百强站”的基础上，创建一批规模、档次都按百强标准建制的乡（镇）文化广播电视站，并选择条件较好的村，建设一批村级文化活动室，从而带活农村文化的普及推广和提高，用健康向上的文化占领农民的精神家园。

（二）更新一批设备。修理、更换一批文化设备，每个乡（镇）应配备一套16毫米电影放映机，配备一套广播电视编播设备，有条件的乡镇配备一批文化娱乐设施和图书资料。

（三）建设一支农村文化从业队伍。在各乡（镇）已有的文化从业队伍基础上，采取政府调配或对外招聘等形式，建立一支稳定的农村文化工作队伍。乡镇配1—2名专业文艺干事，一个村配1名业余文艺员。

（四）组建一批业余剧团。根据县境戏曲剧种分布特点，组建一批农村业余剧团，如黄梅戏剧团、采茶戏剧团、地方戏（如永修县丫丫戏）剧团等。

（五）增设一批文化娱乐经营网点。针对文化娱乐经营网点的分布不均衡状况，在把握政策法规的前提下，在一些文化气息较薄弱的偏远乡镇，增设一批绿色网吧、棋牌室、篮足球场、健身房、录像厅、书店等文化体育娱乐网点。

（六）建设一支放映队伍。鉴于当前整个农村电影发行放映市场的不景气状况，培养、组建一支文化素质高、操作技术过硬的放映队伍，长年为广大农民提供服务。

（七）建设一批特色文化村。以我县为例，可重点推进艾城剪纸、篠溪山歌、新庄民俗等特色文化建设，争取申报1—2处省级及以上文化名村。

（八）申报一批民族民间文化保护工程项目。挖掘、保护好本区域范围内珍贵、濒危的并具有历史价值的民族民间文化遗产，做好调查和资料建档工作，适时申报一批省级、国家级民族民间文化保护工程项目。

（九）兴办一批文化产业。充分利用现有的社会和自然资源优势，以招商引资为突破口，兴办一批扎根农村的文化产业，把各项文化活动的开展与经济、社会效益有机地结合起来。

（十）建设一批“村村通”广播电视工程。借省、市“村村通”工程实施的契机，加快农村有线广播电视联网和无线覆盖，使其走进千家万户。

## 二、步骤与方式

应当理性地面对现实，根据当前农村的现状和特点，采取各种灵活多变的形式，向广大农民宣传党的各项方针政策，宣传国际、国内的形势动态，用各种先进的、极具时代性的观念、理论去教育影响农民，帮助农民群众树立正确的理想观念和价值取向，迅速提高广大农民群众的思想道德素质，使农民群众从千百年陈旧、封闭狭隘的小农经济的思想观念、思维方式中走出来。充分运用文化作为宣传教育窗口的作用，正确引导和动员农村文化建设全面、科学、健康持续地发展。

具体可分三个阶段来开展工作：

（一）多管齐下，抓好农村文化市场基础设施建设。农村文化事业设施建设是农村现代化建设的重要内容，是农村精神文明的“窗口”，也是农村文化市场拓展的物质基础和基本条件。因此，本着立足于农村实际，立足于因地制宜、循序渐进的原则，把文化广播电视站、文化活动室、乡镇中心广场等基础设施建设列入第一阶段发展规划，采取政府、非公有资本多渠道投入的方式，广泛吸纳民间资金投入工程建设。同时，大力鼓励支助发展农民书室、农民业余剧团、农民铜管乐队、个体文化经营网点及农村个体电影放映队等基层自发性群众组织和实体。在这些基础设施逐步完善的前提下，努力建设一批高标准、现代化的文化活动中心，充分发挥其功能效益，为农民群众提供良好的文化服务设施。

文化站作为我国最基层的社会文化宣传教育机构，是中国特色社会主义文化事业重要的组成部分。随着社会的进步和经济的发展，文化站的社会教育功能越来越显得重要。当文化站每天打开站门，阵地文娱活动就处于全站业务工作的中心位置，一个受群众欢迎的文化站，只有通过高质量的活动才能更好地与群众沟通，体现其社会价值。在新的形势下，要充分发挥乡镇文化站的宣传教育功能，深入地开展农村文化调研工作，除了注重固定的阵地文化活动外，还应重视和研究广大农村群众的心理，更好地发挥文化站自身的主观能动作用，采取走出站外、深入千家万户等办法，将先进文化真正深入整个社会。

（二）立足长远，抓好农村文化从业队伍建设。农村文化要发展，创新人才是关键。百业的竞争，也就是知识的竞争，最终离不开创新人才的竞争。没有创新人才的群体，是没有生机活力的群体，也是没有竞争力的群体。人才是生产力，解放和发展文化生产力，必须造就文化创新人才。只有培养和发掘高素质的文化创新人才，才能有效地搞好农村文化工作。创新是成功的秘诀，也是开创农村文化事业新局面的秘诀。抓住了创新人才这个根本，就拥有了创新的基本主动权。人才是创新的载体，有了人，才有创新活动，才能创新事业。因此开发农村文化从业人员的创新潜能，培养创新能力，使之成为创新人才，是知识经济时代农村文化事业实现跨越式发展战略大计的当务之急。新时期农村文化工作范围越来越广，任务十分繁重。我县在 20 世纪八九十年代先后通过统考、招聘等方式，录用了一批文化、广播电视从业人员，在一段时期内，曾起到了繁荣发展农村文化事业的关键作用，但随着时间的推移，这些人中的绝大多数由于诸多因素，已不在原有岗位，造成一些乡镇文化站成了挂牌站，大大制约了农村文化事业的发展。因此，必须加强农村文化从业队伍的培养和建设。通过公开考核、考察等方式，把社会上具有一定文化专长、热爱农村文化事业、具备创新潜能的人才吸纳到文化建设队伍中来，同时投入资金，对他们进行专业培训，以尽快提高这些新鲜血液的业务素质和专业水平。我县应规划制定吸引人才、稳定队伍的政策，为农村文化从业人员提供良好的工作、生活和发展环境，充分调动他们的积极性和创造性。

（三）因地制宜，积极探索与时代相适应的农村文化发展新模式。随着社会的发展和人们知识水平的提高，广大农村群众不满足于只看几本书、观几场电影、参与几次活动，更多的是想通过参与这些文化活动探求背后所深藏的文化内涵。在乡村建设的各种不同类型的文化设施，成为民众终身学习和多智能发展以及休闲娱乐的场所，它对于人的精神享受以及视野的扩大和修养的提高，都有区别于其他文化教育方式的独特作用。

就我县农村文化现状来说，总体上是朝前发展的。但要看到，还有相当一部分乡村，文化建设非常落后。特别是在一些偏远山区，由于居住环境限制，有的村民连电视都没有，甚至有的农民十几年没有看过一场戏，文化气息十分缺乏。造成这种状态，原因是多方面的，其中最重要的是一些乡镇领导对文化建设缺乏应有的思想认识，认为当前经济建设才是中心工作，是硬任务，而文化活动是软任务，看不见、摸不着，不能马上见成效，因此认为文化工作可有可无。加之乡镇财政一般偏紧，因而历任领导班子大多不会把钱花在购书、订报和文化设备添购上。笔者认为应根据各乡镇的具体情况，按照“政府出资、市场运作、乡镇搭台、农民看戏”的思路，组织农民群众开展具有地方特色、健康向上的文体活动。同时，寻求文化与乡镇企业联姻，文化与其他部门和行业共建，以及社会甚至个体对农村文化建设投资的新路子，使农村文化市场建设更加灵活，道路更加宽广。

总而言之，进入新阶段，我们广大文化工作者应按照“三个代表”的要求，深化对农村文化工作客观规律的认识，以改革的精神去研究问题，以创新的精神去思考问题，大胆探索，提出新的思路，做到体制与机制创新，大力拓展农村文化市场，不断为改革开放和现代化建设提供有力的思想保证、精神动力和智力支持，为繁荣农村文化事业发挥积极作用，为全面建设小康社会作出应有的贡献。

（该文收入《社会文化论文集》，中央文献出版社 2004 年版）

# 从我县现状谈县级文物保护

文物保护工作是各级文博管理机构的重要职责之一，不断加强文物保护，是一个地区文博事业得以可持续发展的重要保证。世界上许多历史悠久的文明古国都投入大量资金进行文物保护，就连历史仅二百余年的美国，也将保护本国文化遗产列入《宪法》。我国的文物保护工作起步较晚，尤其在县一级，由于受历史和体制等因素的制约，加之观念陈旧、经费拮据，多年以来，相当一部分县的文物保护处于停滞状态。

以我县为例，所开展的文物保护工作，都是在保护专项经费如杯水车薪的情况之下进行的，其中的难度和呈现出来的困难可想而知。

纵观我县几十年来的文物工作，尤其是县文管所（博物馆）成立以来，文物事业逐步走向正轨，国家文物保护“五纳入”的提出，更使文物事业出现了前所未有的勃勃生机，这归功于党和政府的正确决策与广大文物工作者的辛勤工作。但也应清醒地看到在文物保护工作中，的确还存在着一些困扰事业发展的因素和问题，主要表现为：事业经费严重不足、专业人员紧缺、管理不健全、设施设备陈旧等。

一是保护经费严重不足。

县财政每年安排的文物保护经费杯水车薪，给正常开展文物修缮带来极大的难度，一些文物古迹由于得不到正常维护，风化和损毁现象非常严重。以省级文物保护单位“真如寺”为例，由于长年风吹雨淋，加上霉变、虫害等侵蚀，古建筑中部分结构腐朽，变形异常严重。一千余年的历史变迁，使得散布于寺庙周边的历代僧塔风化情况亦十分严重，一些考古价值极高的文字、纹饰已模糊不清。乡镇文物保护组织更是举步维艰。我县业余文物保护通讯员主要由乡镇文化站专干兼任，在计划经济时代，这些战斗在第一线的文物保护员确实起到举足轻重的作用，为文物保护工作作出了杰出贡献。随着市场经济大潮的冲击，乡镇文化站也是雪上加霜，部分乡镇政府几年未向站里投入一分钱，工资尚难保证，还何谈文物保护。

二是专业人员紧缺。

由于历史和现实的多种原因，我县文物保护人员庞杂、业务素质与文化层次先天不足，专业技术人员稀少，难以适应文物保护对高水平专业人才的需求，这严重制约着文物事业的发展。

三是管理不健全。

文物征集手段比较单一，主要依靠有限的文物出土。保护工作重点局限于馆藏或文物保护单位，放松了对民间流散文物和地面其他不可移动文物的保护。

四是设施设备陈旧。

我县文物管理所（博物馆）办公用房和文物库房面积狭窄，陈列展览场所单一。藏品安全保护设施陈旧，“三铁一器”不健全，防潮防湿及恒温设施远远跟不上现代高科技管理需求。

以上这些问题存在的原因是多方面的，但是最主要的不外乎两点：

其一，经费是制约文物保护工作的关键因素。俗话说，“巧媳难为无米之炊”，我县文物事业经费主要靠当地财政拨款，几十年来，县里曾多次向上级文物主管部门申请文物保护专项经费，但所获还是仅限于省级以上文物保护单位的维修专款，其他大量不可移动文物的保护工作步履艰难，更别谈投入资金去完善保护设施或提高保护管理人员业务素质了。

其二，文物事业部门缺乏足够的权威，保护力度薄弱。就我县而言，它具有两千余年建治历史，地上地下遗存非常丰富，已先后公布了三批县级文物保护单位，三级文物保护网络及文物保护“四有”也初步形成，但即便如此，日常保护管理工作还是难度非常大。这里虽然存在一个重要的保护经费的问题，但也有一些其他因素的干扰，如随着旅游开发力度的加大，一些开发商根本无视文物管理部门的存在，未经文物部门考古勘测即行施工，致使文物遗迹、遗物遭受不同程度损害，这都是文物管理部门行政执法职能缺乏足够权威所致。

作为历史遗留下来的在文化发展史上有价值的东西，文物资源充分体现了所属时代的优秀文化，是人类先进文明的成果，是历史的载体，具有不可再生性。因而，笔者认为，必须坚持“保护为主、抢救第一、合理利用，加强管理”的方针，将文物保护与经济建设相结合，优化文物资源配置，努力使文物资源与发展旅游相结合，为文物保护实现可持续发展提供后劲。

一是文物保护与经济建设相结合。

丰富的文物资源是发展经济的一大优势。按照国家文物保护“五纳入”的要求，在制定经济和社会规划时，争取把有效保护和合理利用文物资源作为战略重点，与经济建设同步进行。现在全国各地都正在进行旧城改造、新农村建设及工业园区建设等，抓住这一有利时机，可与有关建设单位协作，按照《文物保护法》有关规定，工程开标前争取资金，在建设范围内完成文物遗迹的勘探及保护工作，使文物保护与经济建设相得益彰。

二是优化文物资源的保护环境。

文物是国家的特殊资源，合理优化和保护好这些资源，是造福千秋万代的宏伟工程。就拿我县来讲，地上地下文物贮藏非常丰富，但一直以来这些文物都得不到一个好的保护，一个30余万人口的县连一间符合标准的文物仓库都没有，数百件文物只能堆放在只有简易防盗设施的办公用房内。由于考虑安全问题，出土的国家一级文物“商代青铜铙”和“唐三彩”还暂存在银行金库内。

众所周知，陈列展览厅是文物充分发挥作用的重要窗口，是文物活的灵魂，是文物在市场经济中展现自身特色、发挥自身优势的主要方式和途径之一。文物仓库是文物标本、考古出土文物、民间征集文物的庇护所，是文物藏品的归宿。建设高标准、高质量的文物展厅和文物仓库是开展文物保护事业的有力保证。建设展厅和库房，可以达到利用藏品展示过去成果和未来信息的目的，并形成一笔无形的、潜在的经济资源。给文物营造一个安全合理的收藏展示空间，是文物保护在较短时间内走出困境的重要手段。因此，必须给文物开辟一良好空间，争取资金建设文物管理库房，将县内的可移动文物资源集中保护管理，同时建设多个具备一定规模和功能的文物展厅，将文物保护与利用有机地结合起来。

三是文物资源与旅游资源配套。

将文物资源与旅游资源结合起来，既有利于加强文物的保护，也可带来良好的经济效益，甚至能产生品牌效益。据国内专家预测，21 世纪是中国旅游的辉煌期。诚然，文物与旅游是互相依附、相得益彰的。在许多地方，文物是旅游存在的主要支点，是旅游发展的主要依托，是旅游深化的主要资源，保护和管理好文物是促进旅游业发展的前提和基础。反之，旅游给文物提供了市场，体现了文物的价值和魅力，调动和发挥了文物的潜力和吸引力，积蓄了文物保护的实力。我县近几年正大刀阔斧进行“柘林湖—云居山—吴城旅游”金三角线路开发，这条线路每年都能吸引大批游客前来参观，旅游收入非常可观，这非常有利于旅游区内文物的保护和利用。我们可以抓住这千载难逢的机会与旅游部门协商合作，在有效保护的前提下，将文物资源与旅游资源整合，促进保护工作可持续发展。

科学合理的文物保护工作思路还有很多，这里就不一一列举。总之，调整目前的被动局面，建立适应社会主义市场经济体制要求的文物保护新机制，假以时日，我们的事业必定会繁花似锦。

（该文刊载于《江西文化报》并获得江西省文化厅社会科学论文评选三等奖）

# 探讨新九江建设中文物保护管理对策

当前，全市上下正如火如荼地开展“建设新九江，我们怎么干”活动，在此契机下如何进一步加强文物保护管理，实现保护与建设的和谐统一，是摆在我们每个文博工作者面前值得认真思索的问题。

九江是我国长江流域文明重要发源地之一，在漫漫历史长河中，留下了浩瀚如海且弥足珍贵的文物古迹，其蕴藏之丰富、品种之繁多、门类之齐全，为江西所少有。这些文物古迹遍布全市（含所辖县）各地，真实再现了九江人民自强不息、百折不挠的前行历程，凝聚着九江人民特有的精神价值、思维方式和意识形态，凝聚着九江人民的杰出智慧，根之所在，是连结九江人民情感的牢固纽带。我市是个农业大市，农村占全市土地面积85%，绝大部分文物古迹又广泛分布于农村及城乡接合部。因而，文物保护管理问题关键在于农村工作，农村工作不做好，文物保护管理就无从谈起。

本文拟就在新九江建设中如何加强文物保护管理谈几点粗浅的认识。

## 一、健全管理机制，加大保护力度

管理机制不健全，文物的保护就得不到有力的保障。管理机制冗杂，体制不科学，会导致信息沟通不便，政策措施得不到有力的贯彻执行。

针对这一问题，笔者以为完善我市农村文物保护管理体制应当分为几个层面来做：第一个层面是乡（镇）政府成立的文物保护管理领导小组，代表县级文物行政主管部门，对本乡（镇）范围内的文物古迹进行监管；第二个层面是乡（镇）文化站文化员作为义务文物保护通讯员，负责对文物古迹的日常管理；第三个层面是乡（镇）所辖各村（组）及旅游、私企开发商，在新九江各类开发建设中，遇有文物要在第一时间内及时与乡（镇）政府或文化站取得联系。通过这三个层面的建设，达到乡（镇）政府、文化站、村（组）及社会个体三级文物保护通信网络的健全，为文物管理部门快捷、准确地采取下步保护措施，奠定良好的基础。

## 二、增强九江新农村文物保护队伍建设

在九江全市新农村建设中，文物保护管理必须建立一支能力强、素质高、年轻实干的优秀队伍，各乡（镇）一定要配备一名兼管文物管理的文化专干。其人才来源，一是向社会公开招聘，二是在新录用的乡（镇）政府公务员或事业干部中，选贤任能，安排到文化站工作。

抓好新农村文物保护管理，要培育一批专业骨干力量，要依靠他们来搞好工作。要采取举办培训班、下派指导、上派提高等多种形式，培训文物业务骨干。要充分发挥乡（镇）文化站的作用，还要经常组织文物法制法规下乡巡展活动，使广大农民保护文物的观念不断加强，素质不断提高。此外，对农村各级文物保护组织和保护员要实行奖励机制，为他们营造一个良好的生活和工作环境。

## 三、订立新九江新农村文物保护管理规章制度

搞好文物保护管理，规章制度是基础。

笔者认为应着力抓好三个机制：一是领导机制。农村文物保护管理应以市、县文化（文物）局和乡（镇）党委为主要领导，以发挥村级党支部作用为重点。建立党政一把手亲自抓，分管文化领导具体抓，县、乡（镇）、村（组）层层负责的领导机制。业务上应以市、县博物馆或文物管理所为龙头，乡（镇）文化站为龙身，村文化室及广大村民为龙尾，做到层层落实到人，遇有与保护管理制度相抵触的事件或个案，要逐级汇报，相互之间达到联动效应。二是工作机制。要拟定一套完整的有计划、有措施、有

监督、有目标的工作机制，逐步使新九江建设中的农村文物保护管理走向法制化、科学化、制度规范化的良性发展轨道。三是考核机制。党委、政府和业务主管部门要对新农村文物保护实行目标管理，要以前瞻的眼光确立全年工作内容，要加强督促检查，把各层面的保护业绩，纳入当地主管领导和分管领导的工作政绩考核中，并作为今后提升或降级的条件之一。只有这样才能使得新农村文物保护管理工作有章可循，有度可量，文博事业才能得到健康有序的发展。

## 四、摸清家底，统一规划

结合新九江建设和第三次全国文物普查，地方财政应加大专项资金投入，推动本行政区划内的文物清查工作，在此基础上绘制文物分布图，做到心中有本明细账，有利于文物的保护和管理。

文物管理部门应积极配合建设、农业、国土、规划等部门及地方党委、政府，把文物保护管理内容纳入全市新农村建设总体规划，使新农村建设规划的制定和实施与当地文物保护管理规划相协调。同时，在乡村古建筑管理、移民安置补偿、民居维修保护、土地置换、产权转移等方面，积极探索新的管理方式，制订合乎实际又利于保护的管理制度，妥善处理好文物保护管理与经济发展的关系。

## 五、勇于开拓，推进博物馆建设

推进博物馆建设，是贯彻党的科学发展观、不断提高建设社会主义先进文化的能力的重要体现。

纵观九江新农村文化建设，文化馆在乡（镇）对口有文化站，村有文化室，甚至还发展了一批文化个体经营户；图书馆在农村建有图书室；电影公司在各乡（镇）都设有影剧院，村有流动电影放映队；此外，还有乡（镇）广播电视站、村广播电视接收站、农村业余剧团等各类文化设施。

唯独文博事业在农村还没有工作机构，文物保护管理一般都由文化站代管，给具体工作带来较多不便。在此，笔者提出一个大胆设想，能否建立乡（镇）级文物保护管理站？甚至在基础条件较好的文物大县（市）建立乡（镇）级博物分馆呢？笔者为此专程去图书馆查阅了国外在农村开办博物馆方面的经验资料，发现在经济发达国家，如美国、英国、法国等城乡，都建立了博物馆总、分馆机制，因而这种设想是完全可行的。这样一来能够填补我市无乡（镇）级文博工作机构的缺憾，二来可以充分挖掘利用广大农村丰富的文物资源优势，更好地为农民服务，使农民过去在县级以上博物馆有限地接触文博知识和《文物保护法》，变为现在每天能在家门口学习了解文物保护知识。这不仅大大开阔了农民的视野，而且有力地促进了文物保护管理水平的提高。对于全面推动社会主义新九江的物质文明、政治文明和精神文明建设，均具有十分深远的现实意义。

各级政府应当重视将博物馆建设事业纳入本级国民经济和社会发展计划，文物保护管理经费列入本级财政预算。同时，鼓励社会各方面力量在保护过程中投资兴办文博事业，逐步建立起财政投入、社会资助、自我发展三结合的多渠道文物保护管理体制。

综上所述，新九江建设中的文物保护管理是功在千秋、利在万代的事业，我们要在发展建设中，不断加深人们对文物的认知程度，宣传并动员全社会的力量共同来保护文物。

（该文在九江市纪委组织的征文比赛中获优秀奖并收入作品集）

# 在科学发展观指导下探讨考古及文物保护工作

科学发展观作为中国特色社会主义理论体系的重要组成部分，是我国经济社会发展的重要指导方针，是发展中国特色社会主义必须坚持和贯彻的重大战略思想。探讨并实践科学发展观，是推进考古与文物保护科学发展的迫切需要，是加强文化遗产事业建设的必然要求。这里，笔者试图从深刻认识用科学发展观来指导考古及文物保护工作这个层面谈点管窥之见，以求教于方家。

## 一、科学考古在考古学上的意义

从中国近代考古学诞生以来，科学考古就是考古学的一项重要内容。20 世纪初，西方一些探险家、传教士、古玩商，如斯坦因、斯文·赫定、安特生等都做过一些尝试，他们带来了欧美工业革命后产生的新方法、新器械，他们的工作有的带有掠掘性质，但客观上对随后中国考古学的发展具有推动意义。

科学是发展的思想动力，只有坚持以科学发展观为指导，在实践中找方法，在创新中求答案，科学考古才会富于新的内涵。广大考古工作者，要从改革开放和现代化经济建设的实践中获取理论创新的强大动力，自觉把研究的重点放到关系我国考古事业的战略性、前瞻性、全局性的重大问题上来。要勇于开拓视野、迎接挑战；要深入田野、深入实际；探索新问题、了解新情况；拿出有独立见解、有广泛指导意义的研究成果。中国考古事业能不能在21世纪取得新的腾飞，能不能起到“代表中国先进文化的前进方向”的表率作用，在很大程度上取决于能否建立一整套科学、合理的考古学科理论体系，并在理论的指导下创造性地开展工作，推动考古事业迅速、全面发展。

## 二、科学发展观与田野考古

田野考古学本身就是一门极为深奥的人文科学，由于笔者才疏学浅，而且已有诸多专家学者做过专门学术课题研究，这里就不敢班门弄斧去展开论述，只是对其中存在的一些问题作一初步探讨。

考古工作中涉及的问题有很多，以古城址考古为例，它就存在三个难点：一是面积大；二是文化层堆积厚、延续年代长；三是野外工作时间周期长。比如北京元大都城址，光内城就有三百余平方公里。[1]江西樟树筑卫城城址内外城约五百平方公里。[2]广州的宫署遗址，它至少从南越王开始，直到明清都有文化堆积。[3]北京元大都城址已做了五十年，樟树筑卫城城址也已做三十年了。

这么大的面积，时间跨度这么长，该怎么做？

笔者认为一定要用科学的方法来解决问题。首先，作为一名考古工

---

1 中国科学院考古研究所元大都考古队：《元大都的勘查和发掘》，《考古》1972年第1期。

2 江西省文物考古研究所、江西省樟树市博物馆：《清江筑卫城城址考古发掘简报》，《文物工作资料》1975年第1期。

3 胡建、杨勇、温敬伟：《南越国宫署遗址2003年发掘简报》，《考古》2007年第3期。

作者要有不怕苦、不怕累的精神，要深入考古现场，把发掘目标的布局和范围搞清楚，包括外延、文化层厚度、遗迹数量和分布等。在没有收集到足够信息的情况下，不要轻易展开大规模发掘，主要是利用探铲勘探的方法，或者用挖探沟的方法来解决问题，这样会使整个考古工作达到事半功倍的效果。考古工作从来不提倡主动发掘（抢救性发掘除外），更多的还是以保护为主。要做好保护规划，先把它保护起来，现在解决不了的问题，待科学技术发展了，由子孙后代去解决。其次，要把相关文字及影像资料收集好，不打没准备的仗。要查阅方志、文献，了解地情地貌；要配备电脑、GPS、罗盘仪、金属探测器、地形图等，尽量提高考古勘探精确率。在考古工作中，地层学、类型学仍然是我们最基本、最重要的方法。第三，由于考古时间跨度长，有的可能需要几代人的努力才能最终完成，因而同一个地方各个时期的考古信息和研究资料保存显得非常重要，这项工作涉及考古结果的成败。考古不是个人行为，而可上升为国家利益，它可以展示一个民族的文化底蕴，是联系历史与文明的纽带，所以绝对不允许丝毫懈怠。

## 三、科学发展观与文物保护

文物保护包括两方面，一方面是不可移动文物保护，另一方面是可移动文物保护。

先谈谈不可移动文物保护。

近年来，随着我国综合国力的增强，党中央、国务院加大了对文化建设资金的投入，表现在文物保护方面，就是正在全国各地如火如荼开展的第三次文物普查工作，它是事关我国文博事业发展全局的大事，是国家对文物保护管理采取的一项重要战略举措。[1]一年多来的普查，取得了许多成果，但同时一些问题也日益凸显，其中最突出的就是大遗址保护问题。

当前，我们面临的形势就是改革开放后，经济建设飞速前进，城市的拓展、新农村建设、交通路网改造等，都对文物保护形成极大挑战。尤其是大型古文化遗址，由于面积大、堆积厚、遗迹现象分布广，有些还处于城市中心区，给保护带来极大的难度。

针对这一现象，笔者与大多数专家看法一致，认为方法只有一个，就是做好保护规划，包括近期、中期和远期，要有一个长远的打算。做一个好的保护规划，最根本的一点就是保护文物本体，也就是大遗址本身。文物是祖先留给我们的一笔丰厚的文化遗产，它是有形的，是历史文化的载体，如果载体灭失，还何谈文物保护。

做好本体保护规划的一个重要前提就是考古工作要做好，考古是基础，如果基础不完善，就难以划分保护范围，那么规划也就无法实施。以我县第二批县级文物保护单位军山茅栗岗代家山遗址[2]为例，早在20世纪八九十年代，省文物考古研究所为配合昌九高速公路建设，先后两次对该遗址进行了较系统的抢救性发掘清理，整理出了详尽的文字和实物资料（已出简报），加之同时期此地出土了江南罕见的唐三彩，因而遗址分布状况非常清晰，给保护范围和建设控制地带的划定打下了较好的基础。

1 单霁翔：《在第三次全国文物普查工作会议上的讲话》，中央政府门户网站2006年12月18日。

2 江西省文物考古研究所、九江市博物馆、永修县文物管理所：《永修古文化遗址调查与试掘》，《江西文物》1991年第2期；李鸣：《赣北地区遗迹遗物的研究和保护》，《南方文物》2004年第1期。

下面谈谈可移动文物保护。可移动文物包含馆藏文物和私人收藏文物暨民间传世文物，这里只谈谈馆藏文物保护。

大家知道，馆藏文物是博物馆为了科学研究和社会教育的目的，搜集保藏的自然界和人类社会精神文明、物质文明发展的见证物，具有重要的历史、艺术和科学价值，是国家宝贵的文化遗产。我国博物馆藏品一般通过两条途径征集而来：一条途径是社会收购，包括个人捐赠或出售、废品回收、公安部门移交、文物流通部门划拨等；另一条途径是考古发掘出土，这是博物馆藏品的主要来源。社会收购文物具有许多不确定因素，笔者只对考古出土文物的保护发表一些个人拙见。

考古发掘中，文物的清理是一项技术性要求特别高的过程，要运用科学的方法、行之有效的手段，要充分保证出土文物的绝对安全。文物出土前，工作人员一定要听从领队的意见，分步骤清理，相对减少因手工操作给文物带来的不必要损伤。文物出土后搬运时，应重视途中的安全保护，如果搬运人员没有专业经验，在运往博物馆的过程中，往往会出现一些料想不到的意外，使文物惨遭损坏。笔者认为，文物在运送途中，考古队领队要亲自跟车，随时纠正不利于文物安全的行为。至博物馆后，由较高素质的专业库管人员搬运入库摆放。文物入库后，应重视净化库房环境，严防空气污染藏品。由于文物在出土前大多处于一个阴暗潮湿的环境，出土后环境温度迅速升高，极易使文物表面腐蚀，因而要采用高科技手段来保护藏品，房库要尽量控制恒温，要做好防潮、防震工作，使藏品拥有一个舒适安全的存放空间。要利用计算机技术，建立完整的藏品档案，以达到保护文物的目的。

文物保护是一门科学性很强的技术工作，健全文物保护科学制度和发展文物保护科学技术，是衡量考古和博物馆藏品保管现代化水准的标志之一。

综上所述，用科学发展观来指导考古与文物保护工作，是我们广大文物考古工作者在新的历史时期的一项神圣使命。科学发展观不仅能促进考古和文物保护事业繁荣昌盛，而且必将对中国改革开放和社会主义现代化建设事业起到巨大的推动作用。我们必须对这一科学理论有清醒深刻的认识。

（该文获推参加江西省考古学会（靖安）学术研讨会并收入优秀作品集）

# 略论馆藏文物保管

馆藏文物的保管，顾名思义，就是探讨论证如何运用行之有效的科学方式，对博物馆（纪念馆）中的历史及革命文物藏品进行保护和管理的有关问题。馆藏文物是博物馆（纪念馆）存在的基础，它具有历史、艺术、科学价值，是一个国家或一个地区在社会历史进程中的实物见证。馆藏文物也是博物馆（纪念馆）陈列、宣教、研究的依据，是文博产业开发的“底气”。因而，切实加强对藏品的保管，意义十分深远。

笔者根据从事文博工作多年来的经验，并结合全国部分博物馆（纪念馆）在藏品保管中的一些成功的做法，就馆藏文物保管谈几点个人拙见，不妥之处望同仁们加以指正。

## 一、馆藏文物保管工作存在的主要问题

当前，随着新《文物保护法》的颁布实施及国家加大对文化公益事业的投入，全国各地博物（纪念）馆或其他文物收藏单位在库房保管方面，都建立起各种规章制度及操作规程，并根据藏品质地、类型、年代，选择最佳保存环境，对藏品进行科学保养。但就总体而言，有很大一部分馆在保管中仍存在其他诸多弊端，如领导不重视、保管水平亟待提高等等。

（一）领导重视程度不够，认识不足。一些地方（特别是经济发展水平较落后的偏远县、市）文博部门领导对保管工作认识贫乏，认为这是一项“可有可无”“吃力不讨好”的事业，不如展览、修缮等工作，能立竿见影，投入一分钱能产生高效率回报。因此不愿意为此投入更多的人力、物力、财力，保管工作仅限于死看硬守这一亩三分地。

（二）规章制度有待完善。与馆藏文物相对应的规章管理制度不完善，

各文博部门虽或多或少制订了一些保管制度，但大都成为挂在墙上应付检查的摆设品，真正执行起来，却常常成为一句空话，造成文物藏品保管缺乏动力和积极性，馆藏文物安全防患工作一直处于低谷。而且还有些博物馆连日常保管都存在漏洞，保管员脱岗离岗，文物库房人人能进等不正常现象屡见不鲜。近期发生在景德镇陶瓷历史博物馆的文物流失案，就是典型的规章制度执行不善所致。

（三）保管人员业务素质低。长时期以来，一些博物（纪念）馆领导把文物保管作为一个业务技能低的部门来对待，保管人员大多是退伍军人、招工补员人员、关系户等，正规专业人员非常少。由于这些保管人员专业文化水平相对较差，对文博知识知之甚少，其中一些人平时又不思进取，这在很大程度上削弱了文物保管的内部凝聚力，导致队伍难以稳定，思想难以统一。

（四）馆藏文物保存环境较差。除少数国家级或省级大馆外，绝大多数市、县级馆保管条件都达不到国家规定标准，主要表现为防潮、恒温、通风条件差，库房面积小，硬件设施落后等。特别是一些借古建筑建立的博物（纪念）馆，防盗、防火等设施更是达不到各级风险指标，难以防御当代高科技、高智能盗窃犯罪活动。

（五）藏品档案管理混乱。藏品档案是记载全部家底的明细账，包括所有馆藏文物的登记卡、编目卡、文物总账、分类账册、图片资料、背景资料、鉴定资料、研究成果、调用记录、保管记录等。这些资料中包含了大量的学术和管理信息，是非常宝贵的资料。然而，一些县（区）级博物（纪念）馆，暴露出藏品管理混乱，底数不清，账册填写不规范等问题，这些问题导致大量文物得不到有效保护，极易造成文物损毁、流失现象。档案出现漏洞往往成为制约博物（纪念）馆业务工作效率提高的瓶颈，也在一定程度上影响着文物保护和利用工作的开展。

## 二、如何做好馆藏文物保管工作

博物（纪念）馆馆藏文物是宝贵的科学和文化财富，是博物（纪念）馆业务活动的物质基础。文物藏品保管是博物（纪念）馆主要业务活动之一，其任务是对馆藏品进行收藏、保护和整理研究，藏品保管的成败得失与博物（纪念）馆的可持续发展是成正比的。如何采取行之有效的方法做好馆藏文物保管工作呢？笔者认为，除了博物（纪念）馆领导与保管人员本身在主观意识上提升重视程度外，还应针对性采取措施，创造性地开展工作，按照科学方式加强对藏品的保管。

（一）掌握国家有关文物保护法律、法规及方针、政策，提高认识，统一思想。自《文物保护法》颁布实施以来，国家陆续出台了许多关于文物收藏保护方面的法律、法规、方针、政策，奠定了加强和改进馆藏文物保护管理工作的法制基础。博物（纪念）馆领导及工作人员应提高学习积极性，加强对保管工作的重要地位和作用的认识，把文物保管列为重要基础工作，加大投入，拟定规划，特别是要提高工作质量和效率，确保馆藏文物万无一失。

（二）健全库房管理制度。为使藏品保管走上规范化轨道，健全各类库房管理制度是最佳手段之一。各博物（纪念）馆应展开深入调研，包括吸收国内外一些优秀博物馆的先进经验和做法，制定出一系列适合本馆保管工作机制的办法、规定，不断提高文物保管工作的法制化、规范化水平。据 2002 年《中国文物报》介绍，天津艺术博物馆在进行内部机构改革的同时，对过去旧的库房管理制度进行了重新修订。根据《文物保护法》有关规定，制订了《库房管理办法》《文物藏品出入库规定》《保管员工作职责》《文物仓库值班奖惩制度》《文物安全防患制度》等，这些制度和规定都基本体现了文物保管的性质、地位、权利、义务和措施，是一次大胆的尝试。

（三）抓好馆藏文物保管人员业务技能培训。万事人为本，搞好馆藏文物保管工作，人才培养是关键。各博物（纪念）馆应加强对文物保管员的业务培训，提升保管工作的科技含量，条件成熟时，要通过业务培训、资质认定逐步建立持证上岗和年检制度。各博物（纪念）馆要把保管人才建设等同其他人才建设一样，要当成一门事业来抓，纳入本馆全年工作计划之一。保管人员无论采取何种方式参加业务技能学习，馆里应在时间上予以保证，在学习开支上给予一定支持，在福利上享受与在职职工同等待遇，以确保保管人员顺利完成学业。同时，各博物（纪念）馆还应加强在岗教育制度，通过经常性的学法、知法、执法集中学习，树立每个保管工作人员爱岗敬业、与文物共存亡的良好工作作风。

（四）利用高科技手段，改善馆藏文物保管环境。随着我国现代化水平的不断提高，先进发达的科学技术正广泛渗透于全社会各个领域，这也为我们前景广阔的文博事业带来了发展的机遇。笔者从有关资料上了解到，现阶段国内外许多著名的大型博物馆都是采取高科技手段来改善馆藏文物保管环境。如美国大都会博物馆为使藏品室内温度和湿度控制在正常范围内，就在藏品陈列柜或保险柜内安置了无线遥感恒温（湿）系统，当温湿值超过或不足藏品所需正常值时，系统报警设备就会通过电子感应灯来提醒保管工作人员注意；再如在我国北京中国国家博物馆内，库房和展厅均是采用先进的声控、电控设施，使文物藏品的通风、采光、防潮、恒温等均达到最佳保存状态。环境的改善有力地保护了文物藏品，是值得各地博物（纪念）馆借鉴的。

（五）馆藏文物档案实行数字化管理模式。在我国社会主义文化事业飞速发展和计算机应用技术不断提高的情况下，各省（自治区、直辖市）一些大、中型博物（纪念）馆纷纷开始尝试使用计算机技术来建立藏品档案，实行了馆藏藏品管理工具与手段的升级换代。数字化管理主要是针对资料档案管理的数据化管理系统，它运用计算机多媒体技术，把馆藏文物的文字、图片、影像、数据、拓本等信息，系统、准确、多角度地进行储存，建立由电脑控制的馆藏文物程序库。资料档案人员通过计算机操作，将原始资料录入程序系统，以形成一套完整、科学的数字化信息管理模式，弥补了过去人工编制档案所遗留的诸多不足，为馆藏文物保管带来崭新的工作环境，同时也为研究人员提供了准确、高效的查询、复制、输出等多功能服务。数字化档案管理模式给馆藏文物保管带来了迅速、便捷的拓展空间。主要表现在：首先，工作涉及面更广。借助网络系统可更便捷地与各业务部门发生工作关系，接收它们形成的业务档案，并为它们的工作创造条件，提供服务；其次，档案资料基本告别纸张笔墨的时代，不仅节约了大量办公经费，而且将保管人员从重复繁琐的资料管理中解放出来，他们的主要精力就可以投入到馆藏实物管理工作中去；第三，除特别需要，平时一般性考古研究就不需提取文物实物，可直接在电脑上查找所要资料，这样减少了经常性搬运给文物藏品带来的损害，有利于文物保护管理；第四，方便了考古科研人员，提高了博物（纪念）馆的科技含量。保管部门，运用计算机技术，点击鼠标即可在数秒钟之内完成过去整个部门几天才能完成的工作；第五，馆藏文物保管更加科学化、规范化、智能化，是博物（纪念）馆实现办公自动化、管理现代化、工作高效率、人员高素质的重要一环，也是博物（纪念）馆建设跨越式发展的必经之路。

馆藏文物是中华民族一笔珍贵的文化遗产，是我国五千年灿烂文明史的实物见证和重要载体，也是社会主义“三个文明”建设的独特资源和特殊优势。保管并利用好这份宝贵的财富，是广大考古、文物、博物馆工作者义不容辞的神圣职责。我们必须在利用中加强对馆藏藏品的保护和管理，认真研究和探索，在实践中不断开拓出新的工作方式。

参阅文献：

①孙家正：《在全国文物工作会议上的讲话》，《中国文物报》2002 年 12 月 25 日。

②中国大百科全书总编辑委员会《考文学》编辑委员会，中国大百科学书出版社编辑部编：《中国大百科全书》（考古学）1986 年版。

③李鸣：《赣北地区遗迹遗物的研究和保护》，《南方文物》2004 年第 1 期。

④张悦：《论博物馆建设》，民族出版社 2007 年版。

⑤《永修县文艺志》编修小组：《永修县文化艺术志》（文物考古编）1991 年版。

（该文发表于《中国当代文博论著精编》，文物出版社 2006 年版，同时获推参加江西省博物馆协会（婺源）学术研讨会并收入优秀作品集）

# 探讨云居山真如寺塔林科学保护的几个问题

真如寺僧塔的保护工程主要是风化、渗水两个主要问题，现分叙如下。

## 一、僧塔风化的科学治理

对真如寺僧塔的研究表明，这些石质文物的风化主要是由以下几种原因造成的：石质内部可溶盐类结晶过程中产生的结晶压力，水结冰时产生的压力，酸性物质的化学侵蚀及风雨机械侵蚀。这几种因素对石材产生破坏的过程都是在水的渗入下进行的。因此解决风化首先要解决水害问题。特别是石塔，由于都在深山老林中，水害问题突出。水的来源主要是地下水和雨水。雨水的危害方式主要是降落后积存在山体内再不断地由山体内渗透到山中的僧塔内。由于山体内积水较多，水的作用时间也就较长。解决水害的方式主要是考虑通过化学方法阻止水进入僧塔内部，同时要设法切断渗入僧塔的水源，即切断山体水源。

僧塔风化的研究着重于化学材料和施工技术方面。用化学方法阻止水进入僧塔内部对化学材料有着特殊的要求，其中最重要也是最难的一条，是该化学材料不能改变僧塔的颜色与质感，所以一般的防水材料是难以达到要求的。目前防止风化材料的研究主要集中在有机硅材料上，有机硅材料有较好的耐候性，更重要的是其化学性质介乎于有机与无机之间，所以它除了具有有机材料的防水性以外，按化学上相近者相容的原理，还与属无机类的石材有较好的相容性。另外它还有一定的透气性，使僧塔石材内部的水可以溢出。有机硅树脂属溶质型，不含任何可能对石质造成破坏的成分，因此只要解决了外观问题，有机硅树脂就是一种十分理想的防风化材料。有机硅防风化材料 SicR—17，在防水性、外观质感方面至今仍处于领先地位。渗水量试验表明，在严重风化的僧塔上应用这种材料，僧塔防水能力可提高 2000 倍，在耐酸碱试验中同样也效果明显，耐酸碱性分别提高了十几倍和上百倍。

施工技术是保护工作中非常关键的一步，往往能决定整个保护工作的成败。施工技术主要有如下几个方面。首先是化学材料的浓度。配比化学材料浓度的工作应经过实验室试验确定。试验主要应考虑到施工应尽可能减少对僧塔外观造成变化，使僧塔尽可能多地吸收树脂，使树脂尽可能深深地渗进僧塔石材内部。材料浓度太高，虽然可以使石材吸收到足够的树脂，但容易引起变化，同时黏度增加会大大影响渗透力；反之，浓度太低，所含树脂量有限，不易形成坚固的防化层。根据以上情况，通过实验确定所用的树脂固体成分为 6%。第二是化学材料的用量，其用量应据所要处理的僧塔的风化程度确定。风化程度越严重，石材的孔隙率就越大，就需吸收更多的树脂才能形成坚固的防风化层，在施工过程中，根据僧塔风化程度的不同，树脂的用量也相对增减。施工方法是刷涂和减压渗透法。刷涂时间间隔不宜过长。树脂涂刷在僧塔上后，溶剂开始快速挥发，固体成分增大，溶液的黏度就增大，渗透性也随之下降。要保证渗透深度，就必须在前一道树脂溶剂挥发得不太多时就开始下一道涂刷，确保前一道树脂依然有一定的渗透性，在下一道树脂的推动下，继续向内部渗透，这样才能达到最佳渗透效果。施工要选在春秋两季进行，避开雨季和冬季，以确保施工质量。刷涂树脂前要对僧塔进行清洗，将石构件的尘埃和苔藓等除去，自然干燥 3 至 4 天，就可按已确定的施工方法进行施工。

## 二、僧塔渗水问题的治理

近年来，真如寺多方筹集资金对僧塔的渗水问题进行了治理，取得了很好的效果。渗水是石材受破坏的一个重要因素，它能够溶蚀僧塔岩石中的胶结物等易溶成分，加大贯通裂隙，加速石材的风化，在石材表面形成盐蚀，滋生有害生物等。渗水的形成首先是因为大气降水直接入渗，大气降水很容易渗入僧塔内，软化塔体，侵蚀塔基。其次是因为岩体裂隙中的潜水。大气降水以包气带水的方式沿山体内裂隙垂直下渗，遇到山体内相对隔水层时，便停滞于此，成为上层滞水，不再继续向下流动，其反而可能沿水平方向渗入僧塔，损害僧塔。一般来说，干旱季节渗水较少，雨季时则可能有细微的渗水，这对僧塔危害很大，也较难治理。渗水也使僧塔受到病害。首先是溶蚀病害。僧塔石材中含有许多易溶解的分子，如泥质、钙质胶结物等。降水入渗的水流，在渗流过程中溶蚀石塔裂隙，在石塔的顶部、侧壁和塔基形成大面积的钙质沉积物覆盖区。其次加剧风化病害。石材的风化包括物理风化、化学风化和生物风化。南方干湿交替的时差作用可引起物理风化。含有盐类的地下水渗入僧塔的孔隙，造成盐类沉积，结晶膨胀，收缩作用也较普遍。

僧塔的渗水治理可采取多种方法，包括减少地表水的入渗与降低地下水水位，截断裂隙渗水。因僧塔的渗水主要来源于大气降水入渗，所以首先要解决地表径流下泄时对僧塔产生的冲刷和雨水渗入塔体问题。可沿僧塔走向设立排水沟系统，汇集雨水，集中排泄；修一条十字形排水沟，沟底涂刷防渗材料；另外在云居山脚开挖多条放射状排水暗沟，以使山体水均速排向远方，以保僧塔的干燥度。

真如寺历代僧塔的保护材料应具有良好的物理抗压和抗拉性能、透水性、收缩率及耐老化性能，故选用有机硅、烧料礓石粉末等作为防风化、防渗水的保护材料。另一方面还应着重从水环境治理着手，严格控制水分的运动，阻止其向塔身渗透，控制僧塔周边的微环境系统，使其保持稳定的动态平衡。

（该文入编《云居山塔林申报全国重点文物保护单位文本》）

# 建立县级博物馆文化产业之思路

改革开放以来，市场经济日趋繁荣，作为国家公益事业机构的县级博物馆，将如何面对市场求生存、求发展，已是广大博物馆人急需探讨的问题。

文化产业应该说是自建立博物馆以来就产生于有形和无形之中，但这个名词却是最近几年时兴起来的，并得到社会的充分肯定。有人提出，我国绝大多数博物馆都应走产业化道路，通过发展文化产业来促进博物馆事业，这是一种值得深入研讨的发展思路。笔者认为博物馆事业走产业化发展道路的理论前提就是文化产业的商品属性，一句话就是能够利用开发博物馆文化产品来获得经济效益。根据目前形势并结合县馆特点，笔者认为可以从以下几方面来拓展思路。

## 一、开发仿古文化旅游产品

大家知道，文化产品能否产业化的先决条件是文化消费需求，也就是说要形成一个庞大的买方市场，文化产业才能得以生存和发展。由于县级流动人口少，加之经济发展相对落后，人们购买力非常低，要形成一个文化消费品市场，其难度可想而知。近年来，部分县级政府纷纷加大旅游开发力度，以旅游促经济发展，我们可以抓住这次机遇，进行仿古文化旅游产品的开发，彻底改变博物馆工作一贯以来等、靠、要的思维定式。我们首先可与驻县企业及县内民间艺人加强横向联系，开发方式可以是合作关系，双方就开发内容、规模、效益分配等签订合同，由双方共同派人管理，共同承担风险；也可以是股份制关系，双方按股份多少分配利润，成立董事会，由双方共同派人组成，设董事若干名，大股东担任董事会主席（或董事长）；还可以是买卖关系，我们指定厂方生产所需的仿古文化旅游产品，以出厂价（或批发价）购买，然后到各旅游点批量销售。其次，可与县招商部门合作，招商引资开发仿古文化旅游产品。这样既可以使博物馆事业发展渗透到广泛的经济建设领域，又能够在社会经济发展中展现出其特殊的地位和巨大促进作用。我们要积极当好文化人这个角色，为招商引资出谋划策，特别要注意仿古文化旅游产品开发的层次性和地域性，因为不同层次、不同地域的人有不同的需求，而且旅游点不同于其他地方，由于流动人口多，文化消费复杂，需要我们树立经济文化一体化观念，用经济的视角去对待和发展文化，用文化的视角去推动经济的发展，由此建立一个广泛的仿古文化旅游消费品市场。

## 二、采取市场化运作组织各种文化、文物展览

组织好各种文化、文物展览，应该说是博物馆的强项。这样既促进了事业的发展，又能产生经济效益，可谓是两全其美。但大家也要认识到，由于历史的原因，一些县未单独设立博物馆，文化馆身兼群文、文博两项职能，又由于长期存在重文轻博的现象，文物收藏经费分文皆无，这使得馆藏文物较少，可用于展览的文物更是凤毛麟角。去年笔者曾在一个县参观文化馆主办的古尸及文物展览，观众除带着新鲜感来看古尸外，文物展品可以说根本没有可看性，究其原因，一是展品单调，二是展厅没有氛围。如果再举办类似展览，可以肯定是无人光顾。那么如何办好各种展览呢？笔者认为出路只有创新。以创新求生存，以创新求发展。

（一）配合全国每年一些较大的纪念、迎庆活动及政治思想宣传活动，举办一些相关内容的展览。展品来源可以购买，也可以向兄弟单位租借。展览形式完全按市场运作办法进行，对外公开售票，或者以县委、县政府的名义向各单位发文，组织人员观看，经费由各单位赞助。特别是一些带有普遍教育意义的展览，可在全县巡回展出，如今年一些县馆举办的“党

之魂——党风党纪图片展览”，就是一个很好的例证。此次展览取得了明显经济效果，给固守传统展览模式的博物馆以极大冲击，今后还可以多举办一些这样的展览，规模还可扩大。

（二）联合各界力量，举办展览。当前，博物馆界有人提出博物馆在为社会服务方面要“走出博物馆”，这确是值得重视的见解。文物是古代先人们创造的各种物质遗存，与哪个行业都有联系，我们可以发挥文物的优势，吸引工业、农业、林业、水利、司法、科技、商贸、文化、教育等各行各业联合办展，树立“双赢”观念，并与政府建立联系，取得支持。这样既拉近了各行业与群众的距离，又可获得理想的社会经济效益。同时我们也要认识到，举办这种展览一般规模较大，投入较多，所以我们要充分发挥文博技术骨干队伍的优势，在布展上多下功夫，以营造一个良好的展览氛围，求得更好的经济回报。

（三）配合文化旅游产品开发举办展览。我们可以在文化旅游产品中，选择一些艺术品位较高、欣赏性较强的作品进行展出，并辅之以形象、生动的文字说明，来吸引游客。同时，还可以通过多种渠道，引进名人名师之艺术作品到博物馆或文物旅游点展出。为做到社会效益和经济效益两不误，可以请广播电视台作为协办单位，由县台开辟专题节目进行滚动报道，节目中请县里知名艺术人士评点作品。这既起到了宣传效果，导引观众如何欣赏艺术作品，又可提高游客的观赏兴趣，还可以带来丰厚的经济收益，最大限度地发挥博物馆的价值。

### 三、建立博物馆文化超市

博物馆文化产品作为一种特殊商品推向社会，就必须遵守市场经济规律，适应观众需求。通过产品的市场经营和销售，博物馆文化产业可以实现社会与经济两个效益。

因此，有条件的县馆可以利用现有的闲置场地，加以装修，并引入市场机制，开设展出、出售文物标本、古玩、名人字画、艺术品、仿古文化产品等的综合性博物馆文化超市。经营形式采取股份制，由馆内职工投股，并由职工推举一人负责管理，每月盈余按股份进行分红。为了满足不同层次的群众需求，同时也是为了吸引更多消费者进入博物馆文化超市，我们应实行高品位、低消费的策略，并争取县里在税收和政策上给予扶持。如上海市文化局和地税局有关文件规定：对公共文化场馆给予减免税收的优惠政策，门票收入免征营业税，免征房产税和土地使用税。上海这种做法对发展文化产业是一种有效的保护和扶持，是值得全国其它地区借鉴的。

## 四、办报（含电子报）

面对市场的冲击，县级博物馆要勇于承担生存和发展的挑战，明确博物馆在市场竞争中的作用和有利条件，坚持和强化自身特色，在做好社会基本服务的同时，积极运用优势发展产业。

从全国来看，大部分县级博物馆都是从一些文化单位（如文化馆、图书馆）中分离出来的，拥有一支文化素质高、文笔过硬的精干队伍，故办报是开发文化产业的最佳手段之一。笔者的理由有三条：一是县级传播媒体单一，目前多数县只有县广播电视台，但在社会主义市场经济体制下，多项媒体的运用是值得重视与开发的。二是在两个文明建设中，报纸的宣传面和影响力是其他传播媒体无法比拟的。三是借助办报这个产业平台，既起到了分流博物馆富余人员的作用，又带动了文博事业的发展。办报方式依报纸特点而定。如办一份日报，这种情况较复杂，它需要一笔可观的启动资金，还需要配备一支精干的记者队伍，除一些文化经济较发达的县外，大多数县几乎不可能。笔者认为可利用博物馆自身优势并结合当今群众的消费特点，办一份《文化周报》。它的特点是投入少、见效快，集休闲、娱乐、生活、服务、文化为一体，用全新的理念向群众宣传和展示博物馆文化，并刊载县广播电视节目介绍及广告。可以说这类报纸一定会深受社会各阶层的欢迎，并产生较好的经济效益。办报经费开始可以以职工入股的方式作为启动资金，然后通过广告、组织征订、定点销售等方法解决，广告及销售盈余可作为再生产资本及职工福利。稿源一是向全县征稿，二是通过考核聘请一支精干队伍采写稿件，所聘人员每月发给一定保底工资，另外根据每人完成的稿件及广告数量，给予奖励工资。值得一提的是办好报纸，争取县委、县政府重视和扶持也是十分重要的，认识到这一点办报才不会偏离轨道，博物馆文化产业才会走上健康发展的道路。

21 世纪，作为上层建筑的博物馆事业，有着广阔的发展天地，基础相对滞后的县级博物馆必须以“三个代表”思想理论为指南，着力提高服务质量和服务品位，努力开拓文化产业，以增强“造血”功能和市场竞争力，用实际行动回报社会。

（该文获推参加江西省博物馆学会（赣州）学术研讨会并获江西省文化厅组织的社会科学论文评选三等奖）

# 制定“文化强县”战略 夯实经济建设基础

紧紧围绕全县中心工作，深入贯彻落实党的十八届三中全会和县委全委会精神，按照“三个基地、一个中心”及“昌九一体化”决策部署，加快推进“文化强县”建设，增强我县综合竞争软实力，是值得深思并急需探讨的重点调研课题之一。

## 一、存在的主要问题

通过深入调研，笔者认为，建设“文化强县”需要确实认识和重点解决几个突出问题：

（一）文化专业技术人才奇缺。我县现有的文化专业人才队伍与“文化强县”建设的要求是不相适应的，结构极不合理，专业技术人才缺乏严重，特别是复合型人才、文化原创人才、经营管理人才相当匮乏。如在文化系统内具有中级以上职称的人员只占人员总量的5%左右。而且文化系统内人员年龄偏大，一些单位（如文化馆、剧团）存在严重的青黄不接的情况。人才的紧缺严重制约着我县文化事业的发展。

（二）文化体制改革不够彻底。按照中央的要求，虽已出台有关改革方案，对县原采茶剧团进行了重组，分别成立了企业化运作的演艺公司和事业性的非物质文化遗产保护中心，分流了富余人员，但由于配套措施尚未完全到位，离真正转变职能，事企分开，还有很大差距。尤其是文化馆、博物馆、图书馆等公益性事业单位的定位还不是十分明晰。

（三）文化遗产保护管理状况堪忧。近年来，在城市改造、新农村建设、旅游开发中历史文化遗产屡遭破坏，有的在开发利用中人为破坏严重。享有盛名的本土口述和其他一些民间技艺传承乏人，濒临湮灭，生存岌岌可危。

（四）文化产业实力不强。文化产业总体发展还不快，除招商引资项目“三木制造”外，其他基本都为小打小闹，集聚效应不明显。新型文化产业急待完善。

（五）硬件建设非常滞后。许多文化单位没有一个正规的工作场所，给事业拓展带来极大的难题，仅有的文化馆、图书馆大楼均为20世纪80年代建筑，远远满足不了当前事业发展的需要。缺乏文化地标性建筑。

（六）基层文化建设贫乏。大部分乡镇文化站设施陈旧简陋，有些偏远乡村至今还没有文化活动场所，农家书屋和广播电视村村通建设还未得到全面普及；文化活动枯燥，即使有些唱歌、演戏、跳广场舞等文化活动，大多以老人和妇女为主，赌博、搓麻将、打扑克仍是农民的主要业余娱乐生活。

（七）培育文化精品成效不明显。由于缺少政府强有力的政策和财力支撑，许多文化艺术作品缺少群众基础和市场基础，生命力不强。

（八）城市建设风貌缺乏文化元素。城市建设虽日新月异，但作为城建内涵的文化建设尚不尽如人意。规划中的湖东新区学校周边及社区、城市公园、公共汽车候车站台等缺乏文化元素。

上述问题的存在，原因是多方面的。其一，投入不足。笔者从县财政局调查了解的统计数据发现，“十二五”期间，我县文化体育传媒事业总支出6977万元（含上级拨付专项资金），其中，文化事业投入3446万元，占文化体育传媒总支出的49.3%，比“十一五”同期提高3.9个百分点，虽略有增幅，但相比一些文化先进县及我县年均GDP和财政收入的快速增长，还是有些不相协调。具体来看，一是我县文化遗产保护经费十分有限，依照《文物保护法》，可从城市建设维护费中提取1%用于文物保护的规定尚未真正落实。其他如群众文化活动费、图书购置费等更是难以达到文化事业发展需求。二是在文化事业经费总量不足的情况下，农村文化建设经费更显不足。2014年全县农村文化事业费230万元，对农村繁重的文化建设任务来说只是“杯水车薪”。三是多元化文化投入机制和投资渠道没有形成，我县丰厚的民间资本在文化建设中参与不多，投资较少。

其二，认识不足。文化发展相对滞后，“文化强县”建设推进与周边县（市）相比较尚不尽如人意的一个重要原因，是有些领导干部对文化的作用认识不足。经济建设和文化建设中有畸重畸轻之事，工作上存在“一手硬，一手软”的现象，认为文化建设“看不到直接成效”“可有可无”的观念还不同程度地存在。对如何满足人民群众日益增长的精神文化需求考虑不多。

其三，建章立制尚不健全。缺乏加快“文化强县”建设的有关规章制度，如目前在如何加快公益性文化建设、如何加大文化体制改革力度、如何提升产业层次、如何加快发展文化产业、如何进一步优化执法环境等方面，缺乏相应的法规支撑。

## 二、对策和建议

加快“文化强县”建设，重点是要提高群众文化素质，壮大文化队伍，拓展文化产业，完善文化发展机制。

（一）坚持以人为本，突出人文建设。

县委、县政府提出了“鹤舞鄗湖，永修人生”的宣传口号，文化的核心是人文，提高人的整体素质，促进人的健康全面发展，关注人与自然、人与人、人与社会的和谐，这是“文化强县”建设始终如一的奋斗目标。突出“人文”建设，是坚持经济社会协调发展的必然，是增强我县综合竞争软实力的核心。要坚持以人为本，努力提高全县人民的思想道德素质和科学文化素质。要大力营造健康向上的社会良好氛围，充分发挥文化的人文关怀精神，发挥其凝聚人心、陶冶情操的作用。要加强人文科学的研究，以提供与经济社会发展进程相适应的政策依据与社会需求依据，从而建设与经济运行特征相适应的、符合先进文化发展方向、体现时代特色的永修文化。

（二）树立新思维，增强抓好文化建设的自觉性。

加快推进“文化强县”建设，思想上不断要有新解放，认识上不断要有新提高，观念上不断要有新思路。一要充分认识文化对整个经济社会发展的巨大促进作用，切实把文化建设摆到重要战略高度。二要树立文化产业竞争力是文化力的核心的观念。文化力的强弱，在于其文化产业是否强大。三要树立文化产业竞争力归根到底是人才竞争的观念。文化产品的科技含量和文化含量，决定文化产业的竞争力。而科技含量和文化含量是由人的价值观念和科技创新能力决定的。因此，拥有人才数量的多寡和质量的高低，决定文化产业竞争力的强弱。要尽快出台相关政策，鼓励优秀人才脱颖而出。要进一步建立和完善人才的培养引进和奖励制度，设立政府奖励专项资金，奖励优秀成果和优秀人才，不断提高人才的竞争力。

（三）大力推进“文化强县”战略，努力繁荣社会主义先进文化。

满足人民群众日益增长的精神文化需求，是“文化强县”建设的重要内容和目标要求。我们要以推进“文化强县”战略为突破口，加快文化人才队伍建设，鼓励多出精品，丰富文化活动，创新文化载体，努力繁荣我县的文化园地。

1. 加大改革步伐。推进文化体制改革，是繁荣文化事业、发展文化产业的根本出路。要加快改革步伐，突出改革重点，加大工作力度，争取新的突破。

2. 要争取政府对公益性文化事业的投入和扶持，推动文化事业新的发展。加大对文化馆、博物馆、图书馆等公益性文化事业的资金扶持，使之更好地为社会主义先进文化服务。要支持和引导活跃在乡村的民间业余剧团，鼓励他们多创作表演群众喜爱的优秀节目，帮助他们解决有关问题。

3. 要充分打造新的载体，在湖东新区规划新的一流的文化平台。如建设好博物馆，做大做强博物馆文化，增加各种形式多样的陈列和展览，建设九江地区首屈一指的县级特色博物馆。加快县图书馆的数字化工程建设，尽快建成全县城乡图书网络共享体系，实现资源和信息的共享。开拓新思路，做好文化艺术中心和美术馆、科技馆的建设。

4. 加强民间口述和非物质文化遗产的保护及非遗传承人的培养刻不容缓。今年我县丫丫戏已列入国家级非物质文化遗产代表性名录，其他还有很多急需挖掘保护的项目，政府要进一步采取保护和培养的措施，对民间艺人给予一定的精神和物质奖励，并授予荣誉称号。对濒临失传或具有重要价值的民间技艺，其老艺人传经授艺的经费、场地等问题，政府和社会要给予解决。

5. 加强基层文化建设。基层文化建设，是“文化强县”建设的重要组成部分。社区、村组、学校、企业要承担起丰富基层文化的主要责任，加强领导，增加投入，在社区、乡镇普遍建立起图书室、文化站，普及农家书屋建设，公共场所设置一些报刊、科普等宣传栏。企业应建立必要的文化体育活动设施，丰富人们的文化生活。

（四）有效推动科技教育发展，夯实“文化强县”建设基础。

要进一步强化“科技强县”战略，积极建立我县科技文化创新体系，特别是要提高发展文化产品的科技自主创新能力，尽快提升文化产业层次，为增强文化软实力提供良好的科技基础。与此同时，还要进一步实施“教育强县”战略，继续优先发展教育，推动各类教育的协调发展，全面提升我县人民的文化科学素质。

（五）开发文化产业园，进一步增强我县文化产业的竞争力。

没有发达的文化产业，不可能建设“文化强县”。要加快确立我县文化创意产业园（如动漫、4D−5D电影等）发展的近期目标和长远规划，制订《永修县文化创意产业发展战略》，建立创意产业发展基金，积极引导民营资本，尽快形成多元化发展文化创意产业的投资主体新格局。

（六）进一步加强文化资源保护，建立合理利用和开发机制。

一要创新利用机制。要树立“在保护中合理利用，在利用中加强保护”的观念，一方面尽快提高保护的科学和技术水平，为历史文化资源的永续利用提供科学技术保障；另一方面要发挥“县文物保护管理委员会”的综合协调作用，加强文化与建设、旅游等部门之间的合作沟通，加大历史文化资源合理利用的范围、规模和力度。二要搞好文化遗产保护规划。重点要做好国家级保护单位云居山塔林的文物保护规划，特别要将重点文物保护纳入县社会发展计划和旅游开发规划。要加强我县非物质文化遗产的保护，按照国务院《关于加强我国非物质文化遗产保护工作的意见》，着手制定“永修县非物质文化遗产保护规划”。三要加大投入。建立以政府投入为主、多渠道筹措资金为辅的投资体制，增加文化资源的保护资金。

（七）整合文化资源，打造“文化强县”特色品牌。

永修历史悠久，文化资源丰富，其禅宗文化、会馆文化、赣商文化、农垦文化、“样式雷”文化等积淀厚重，特色明显。充分挖掘和整合这些文化资源，并将其通过艺术形式融入城市建设中，必将大大提升城市的文化品位和内涵。围绕建设旅游城市、休闲城市、文化城市的目标，加快规划建设一批文化地标性建筑，同时做好县城火车站、汽车站、高速路口、水运码头等出入口的文化形象设计，对县城各主要街道进行整体景观打造，对路灯、路牌、公交站台等进行形象设计，在广场、公园等处建设一批反映永修人文历史的城市雕塑、古今名家诗墙等，将文化元素注入公用设施中。

（八）充分发挥社会各界在“文化强县”建设中的作用。

“文化强县”建设是一项系统工程，建议县委、县政府成立“永修县‘文化强县’建设工作委员会（或领导小组）”，其成员由县直有关单位及永修籍在外工作的专业权威或县文化界知名人士组成，实行聘任制，给予其一定的报酬，成员的主要职责是参与县委、县政府召集的关于文化建设的会议及调研，对永修县重大文化建设决策进行咨询，提供前瞻性参考意见，制定出台《全县文化发展总体规划》并逐步推进。

综上所述，笔者认为经济建设与文化发展是成正比的，二者缺一不可。在今后的中心工作中，如何更有效地打好“文化强县”这张牌，如何加强文化与经济的协调发展，是值得县委、县政府及文化建设者认真思考的课题。

（该文在 2014 年度永修政协优秀调研文章评比活动中荣获二等奖）

# 探讨赣北考古工作中遗迹遗物的研究和保护

赣北，江西北部之简称，包含今九江市所辖浔阳区、濂溪区、柴桑区、德安县、永修县、彭泽县、湖口县、都昌县、武宁县、修水县、瑞昌市、庐山市、共青城市、九江经济技术开发区、庐山风景名胜区管理局、庐山西海风景名胜区和八里湖新区。东临鄱阳湖，南接赣抚平原，西毗幕阜山脉，北枕长江，隔江与湖北、安徽翘首相望，全境18823平方公里。这里不仅气候温和，土壤肥沃，而且很适合人类劳动生息，素为兵家必争之地和文人墨客畅游之所。古代先人们用勤劳的双手创造了灿烂的赣北历史文明，留下了极其丰富的文化遗产。认真保护好这些文化遗产，对于考古学、文物学研究，对继承优秀文化传统，搞好社会主义市场经济建设，都有着十分深远的意义。这里，笔者根据近几年来参加赣北地区田野工作的经验对赣北考古工作中遗迹遗物的研究和保护存在的一些问题，试作探讨，以求教于方家。

## 一、遗迹、遗物的研究

大家知道，考古学研究的对象是实物资料或物质遗存，即古代的遗迹或遗物。遗迹遗物是人类社会发展的历史见证，是人类智慧和创造力的结晶。通过对遗迹遗物的研究，可以恢复已经逝去的岁月的历史面貌，特别是对研究无文字可考的历史，更有其重要价值。自人类产生以来，人们的活动都是社会性的，从来不是孤立的，他们所创造的遗迹、遗物和文化，都反映了社会的共同水平和共同的文化传统。因而，考古学对遗迹、遗物的研究，不应孤立，而是把重点放在遗迹、遗物的整个系列和类型上。如在修水县山背遗址的发掘工作中，通过对房址、灰坑、水沟、窑址及出土石锛、斧、刀、铲、陶鼎、钵、壶、豆等180余种遗物的对比、检验、考证，证明该遗址是一处原始社会后期比较富有的居住地。

艾城九龙湖西晋墓抢救性考古发掘

从考古学来说，遗迹、遗物的研究，主要是进行田野考古调查、田野考古发掘，对发掘所获资料的整理与研究，以至编写考古发掘简报等，整个过程都有它一定的科学程序与方法，形成了本学科的特点。考古发掘项目的确定，是田野考古研究中的重要前提。赣北田野考古工作，既有为科学研究而进行的考古发掘，如瑞昌古铜矿遗址发掘，又有配合基本建设和生产建设进行的考古发掘，如昌九高速公路和京九线南浔段沿线文物考古发掘，还有抢救性考古发掘，如永修县军山茅栗岗唐墓及南朝墓抢救性发掘。在这些考古发掘项目中，首先必须对其价值进行全面的评估，然后必须对可能出土的不同类别的文物的安全和科技保护提出切实可行的对策。许多在考古发掘中出现的遗迹和遗物，因解决不了科技保护问题，而造成损毁的严酷事实令人痛心。任何具有科学态度和责任心的专家学者，都应对发掘工作持慎之又慎的态度，在考古发掘技术和文物保护技术未过关之前，不应主动去发掘，而应留待具有更先进的考古发掘技术和文物保护技术出现之后，再根据情况决定。

在考古发掘工作中，随时都会有新的遗迹现象出现或有遗物出土，它需要领队的专业人员认真观察、分析、研究、处理，并运用科学手段进行资料记录，采取科学、认真的态度进行负责任的处理。如果领队和专业技术人员不在田野发掘现场亲自动手处理遗迹现象和出土遗物，而单靠技工或民工去干，是很容易造成无法挽回的损失的，这种事例并不罕见。1986年，在德安县一次新石器时代遗址的发掘工作中，由于考古技术人员一时粗心大意，一件十分珍贵的原始彩陶器，被一位民工不慎铲破。因此，考古工作者建立科学、端正的工作态度，是提高考古遗迹、遗物研究水平的关键所在。

## 二、遗迹、遗物的保护

遗迹、遗物的保护面临的难题比较多，造成保护工作难度大的原因主要是两个方面：一是盗掘和损毁遗迹、遗物的犯罪活动猖獗，这是造成成千上万古文化遗产严重破坏以至毁灭的症结所在。20世纪80年代以后，随着改革开放的深入，文物走私和非法买卖活动日趋严重，盗掘古文化遗址和古墓葬的犯罪活动也愈演愈烈。为了严厉打击这种犯罪活动，国务院

1987年5月26日发布了《关于打击盗掘和走私文物的通告》。全国文物、公安、工商等部门密切合作，采取坚决果断措施，给予文物犯罪分子以沉重打击，使文物犯罪活动一度收敛。但时隔不久，不少地方又刮起盗墓狂风。据赣北地区各县（市）不完全统计，自1988年至1998年十年内，被盗掘古墓数以千计。一些犯罪分子甚至明火执仗，用炸药炸毁古墓，持枪哄抢出土文物，殴打、袭击文物干部和公安干警，气焰极为嚣张。二是建设性破坏。几十年来，许多建设项目，如昌九高速公路、京九铁路、九景高速公路等大型工程，模范遵守国家文物法律法规，对建设工程范围内的文物或有可能埋藏文物的地方，先由文物考古部门勘探、发掘，或另选建设项目新址，共同为保护古文化遗产作出了重大贡献。但不可否认，也有一些部门和单位并非如此，特别是一些偏远且文物保护意识弱的地区，破坏文物现象时有发生。笔者在赣北永修、德安、武宁等一些县了解到，一些基建工程未经文物部门调查、勘探、发掘就进行施工，或者未采取共同保护措施，致使许多古代遗迹、遗物遭到严重破坏。更有甚者，一些村民明知文物受国家保护，还大肆进行破坏活动，造成了无法弥补的损失。如1997年在永修县城丰乡，由于当地村民文物保护意识差，在文物古迹附近乱改乱建，造成该县县级文物保护单位“李家祠堂”被烧毁的恶性事件。

古代遗迹、遗物的保护，最根本的要求是防止人为的和自然的破坏。前者主要依据法律法规，由国家通过法律、行政、经济和教育等手段加强保护；后者主要运用科技手段加以保护。我们应该充分运用法律法规，宣传与教育广大群众，依法保护古代遗迹、遗物。保护文物是全社会共同的责任。

前面谈到，保护古代遗迹、遗物最大的威胁，是盗掘与走私文物等犯罪活动，对它的严重性和与之斗争的长期性、复杂性，应有清醒的认识，切不可稍有松懈，以铸成使遗迹、遗物遭受破坏的大错。特别是在赣北地区，由于面积大，地形复杂，文物古迹分布较散，因而保护工作更是应引以为重的大事，如果我们不是这样认识和认真对待这个问题，最终将面临的是专家们惊呼的“无古可考”的局面。

当前和今后相当长的时期内，协调与处理好经济建设与文物保护的关系，是保护古代遗迹、遗物免遭破坏的又一项重要任务。我国要进行社会主义现代化建设，这是我国人民的根本利益所在，在经济建设中采取有效措施保护古代遗迹、遗物，也是中华民族的根本利益所在。一个主要表现为现代物质利益，一个主要表现为精神文明利益。建设现代化强国，物质文明和精神文明缺一不可，两手都要抓。遗迹和遗物是历史文明的重要组成部分和见证，现代文明要发展与承续，没有任何理由割断这条一脉相承的文明纽带，而只有爱护它、保护它。只要严格按照《文物保护法》的条文规定，有关部门尽职尽责地去处理经济建设与保护文物的矛盾，就一定可以做到“两利”，相得益彰。

总之，赣北物华天宝、人杰地灵，古代遗迹遍布全境，仅全国重点文物保护单位就有十余处，其中不少已对公众开放，至于经考古发掘出土的各种古代遗物，在各县（市）博物馆收藏与展出中都占重要地位，赣北文物考古虽然起步较晚，但无论是考古调查与配合基本建设进行抢救性发掘，还是遗迹、遗物的研究与保护均取得了显著成绩。切实做好保护工作，可以使公众获得最形象最逼真的实物感受，同时还可以增强对古代遗迹、遗物保护重要性的认识，使古代遗迹、遗物在良好的社会环境中流传下去。

（该文发表于《中国文物报》2004年总第1190期，同时获推参加江西省考古学会（樟树）学术研讨会并收入优秀作品集）

# 永修文物保护调研报告

为了全面了解和掌握我县文物保护单位（不可移动文物）的情况，促进我县文物资源的保护、挖掘和开发利用工作，充分发挥文物在经济可持续发展中的经济和社会效益，笔者对我县文物保护单位进行了专题调研，并对各级文物保护单位进行实地察看，广泛听取社会各方面对文物保护工作方面的意见和建议。

## 一、基本情况及保护措施

文物承载着历史，丰富着城市的内涵。享有“海昏秀域”之称的永修由于建县历史悠久，人文荟萃，祖先留下的文化遗产众多。目前，全县拥有全国重点文物保护单位1处，省级文物保护单位3处，县保单位近50处，尚未定级的文物保护点218处。

近年来，县委、县政府本着树立科学发展观，传承历史，创新发展的目的，把保护文物工作纳入当地经济和社会发展计划，加大挖掘、保护和利用我县文化遗产资源的力度，文物保护工作呈现勃勃生机，城市品位得到明显提升。

（一）领导重视，措施得力，建立各级文物保护单位的保护机制。保护文物工作引起了各级党政组织的高度重视，县政府先后多次召开专题会议，研究制订出台系列文物普查与保护有关文件，把文物工作纳入县域经济和社会发展计划，纳入城乡建设规划，纳入财政预算，建立了县、乡、村三级文物保护网络。

（二）加大投入，重点维修，促进文物保护单位的保护与开发。为开创文物资源强县富民的新途径，县财政用于文物保护的经费逐年增加，近五年共投入文物保护资金300余万元，主要用于吴城吉安会馆、梅棠雷氏祖屋、云居山塔林等文物古迹的维修和保护规划工作，有效促进了文物古迹的保护与合理开发利用。

（三）深入调研，创新工作，注重文物家底的挖掘与保护。为了进一步摸清分布在全县各地祖先留下的古村古建筑及其他文物的家底，以便做到有效保护，我县文保部门重点开展了文物保护单位挂牌保护。在县、乡、村、组层层落实责任制的基础上，公安部门积极配合文物管理部门加大对盗挖古墓和走私贩卖文物等犯罪活动的打击力度，促进文物保护工作发展。

## 二、存在的主要问题

在全社会的关心支持下，在县委、县政府的正确领导下，我县的文物事业发展虽取得了一些进展，但仍存在一些不容忽视的问题和矛盾。

（一）文物保护单位现状不容乐观。近年来，我县社会经济发展迅猛，城市建设品位提升，作为文化底蕴深厚的千年古邑，文物保护单位却大多境况凄凉。除国保、省保单位保存较为完整外，其他文物点均有不同程度的损坏。一些县保单位因交通不便，无人问津。

（二）文物保护工作执法困难。自2002年以来，新修订的《文物保护法》《文物保护实施条例》《文物行政处罚暂行办法》等法律法规相继出台，文物执法力度得到加强。由于人们的文物保护意识淡薄，买卖文物利润丰厚，法律上对私人所有又尚未列入各级文物保护单位的古建筑或其他古迹的拆建或买卖的处理还存在盲区，在实际操作中文物行政执法困难重重。一些村民变卖文物、拆迁古建筑的问题，文物管理部门进行处理时只能以劝阻为主，对这些文物的保护已陷入村民自身无钱维修，政府又无力顾及的尴尬境地。一些散落在乡村民宅上的精美绝伦的“三雕”艺术，即石雕、木雕和砖雕，由于当地村民缺乏文物保护意识，很大部分被一些不法分子骗走或盗走，这些不可再生文化资源的缺失对我县历史文化的研究造成很大损失。

（三）文物保护经费投入不足。《文物保护法》第十条规定："县级以上人民政府应当将文物保护事业纳入本级国民经济和社会发展规划，所需经费列入本级财政预算。国家用于文物保护的财政拨款随着财政收入增长而增加。"我县近年虽文保经费已列入财政预算，但与当前文物保护形势的严峻性和任务的繁重性相比，仍然捉襟见肘，只能对少数个别文物保护单位进行简单的维修，大多文物保护单位仍然处于自然保护状态。

## 三、几点建议

文物是不可再生资源，如何充分发挥我县的文物资源优势，提升城市的文化品位，实现城市发展、新农村建设与古建筑保护的和谐统一，是当前我县一项重要而紧迫的课题。

（一）加大宣传力度，营造文物保护氛围。做好文物保护工作，光靠业务主管部门的力量不行，更主要的是要发动全社会的力量。要深入宣传新修订的《中华人民共和国文物保护法》及其《实施条例》，增强全社会的文物意识与文物保护的法制观念。充分利用广播、电视、报纸等新闻媒介进行文物宣传，利用战争遗址、烈士陵园等开展爱国主义教育，经常走上街头和田间地头宣传文物保护相关法律法规，在全社会营造"保护文物，人人有责"的浓厚氛围，为文物保护工作的顺利开展打下坚实的基础。

（二）制定文物保护规划，整合文物资源。根据《文物保护法》第八条规定，地方各级人民政府负责本行政区域内的文物保护工作。针对我县文物资源丰富和保存现状的实际，县文物管理部门要进一步摸清家底，及时公布应列入保护对象但尚未列为文保单位或文物点的文物。在此基础上，要编制各级文物保护单位的保护规划，把文物保护融入城市建设总体规划，分批逐步修缮并开发利用。要整合分散在乡村的零星古迹，通过县博物馆，把乡村一些难以保护的古建筑的精华移存到博物馆集中保护。

（三）加大资金投入，发挥文物的社会和经济效益。我县文物资源丰富，要深入挖掘整合这些资源，必须有充足的资金支持。通过积极向上申报省保、国保单位项目，发展历史文化旅游业，力争盈利保护，并将盈余资金投入到其他文物保护上，实现良性循环，以古促新，开创我县强县富民的新途径。

（四）加大执法力度，发挥部门配合作用。凡涉及古建筑的文物及其构件出境，公安、工商、林业检查站可先行扣压，认定后再做出处理。各地进行基本建设，应事先尊重文物部门意见，经过文物部门认定后，再办理用地、建房等有关手续。

（五）加强队伍建设，强化文物保护责任的落实。要充分发挥文物保护网络的作用。通过财政投入、报酬到人（指村组文保员）、职责到人，加强巡查并及时反馈信息，打击盗窃、非法买卖各级文物等犯罪现象。同时要加强文物保护队伍建设，充实文物保护管理人员，提高人员的素质，招聘录用一定的专业人才。

（该文收入 2016 年度九江市文广新旅系统干部目标考评目录）

# 略谈历史文化的继承与发展

我国正处在一个经济调整发展的时期，21 世纪，将是中国跨入世界先进行列的宏伟时代。纵观各发达国家所走的道路，无一不经过继承、发展、开拓的曲折过程。没有继承就无从发展，没有发展，也谈不上开拓。所谓继承，就是继承被历史证明的不可违背的自然规律、继承历史的经验教训、继承先人长期探索而取得的成果。

而今天，我们文博战线上某些同志却不一定能认清发展与继承的关系。他们往往对历史文明不屑一顾，对祖先留下的优秀文化遗产不以为然。因而，在发展现代经济时，他们的指导思想往往导致短期行为产生，导致得不偿失的结果。

说来也许难以置信，西方发达国家在经济管理中，运用了中国古代诸如《孙子兵法》的某些策略；在企业管理上，为强化企业凝聚力，调动员工积极性，吸取了中国的传统道德，诸如“孔孟之道”的道德理论。

“新的比旧的好”，这似乎无可非议，但有时并非如此。有的新东西只是一时新鲜，用不多久便被淘汰；有的旧东西看似陈旧，而一旦丢弃之后，你会觉得新的不如旧的好，回过头来你还是用旧的。举个例子：棉织品曾一度被化纤制品取代，一时几乎没有了市场。但人们经过一段时间的使用，才发现化纤制品的许多缺点，于是又重新青睐棉织品。事实证明，棉织品的许多优点是化纤制品无法替代的。

要发展必须先继承，如同盖房子必须先打基础。没有坚实的基础而想要有大的发展，这是不可能的。

文物古迹是历史文化的载体，是继承的依据，一旦依据被毁，也就无法继承了。

总之，我们广大文博工作者一定要理顺继承与发展二者之间的关系，保护历史文物，就是为了继承与发展祖先的优秀文化传统，弘扬中华悠久文明，正视历史，放眼未来，我们的文博事业必定会得到长足的发展。

（该文刊载于1999年《九江文化论坛》期刊）

# 县级文博工作浅议

当前，县级文博机构还普遍存在基础差、底子薄、人员素质低等问题，给开展正常性工作带来了一定的困难。那么，应该如何更行之有效地做好文博工作呢？笔者认为若要解决县级文博工作中普遍存在的一些问题，必须从以下三个基本点着手。

## 一、开展培训，提高工作人员的业务素质

大家知道，我国文博事业较欧美发展较晚。在县一级大都在改革开放后才起步，而且在很长一段时间内，这项工作都由文化（图书）馆代管，工作人员也由群文（图书）干部兼职，由于工作人员在思想上和日常工作中基本都以群文或图书作为主业，导致文博工作基本以“消防队”形式开展，甚至一些地方只是空有一块办公室牌子，而业务工作处于停滞状态。近十几年来，随着国家对文博事业投入的加大，一些条件较成熟的县相继成立了博物馆或纪念馆，但工作还是无法深入拓展，究其原因，是工作人员素质低。目前，许多县的文博工作者大多不是专业学校毕业，并且是初次接触这门工作，特别是国家文物局举办的学习培训，基本轮不到县一级，偶尔有学习指标，也由于没有引起领导足够的重视而被放弃。如此而要求文博工作高效率，又谈何容易。所以笔者认为，培训县级文博干部是发展文博事业的重中之重，是搞好文博工作首先要注意的。

## 二、重视管理，完善馆藏工作

文博工作研究的对象就是“文物”，没有“文物”，文博机构就没有存在的价值。因此，收集保护管理好馆藏文物是不容忽视的。县

级文物收藏库房大多数都设施简陋，难以达到防潮、防尘、防虫及防污染等要求，一些县级馆甚至将文物藏品与其他物品一起堆放，致使文物混乱不堪，破坏严重。近年来，随着博物馆免费开放工作的深入，部分县级馆的条件虽有改善，但还是无法达到国家馆藏收藏标准，这种现象应引起我们重视。县级文博业务单位要进一步重视加强馆藏规范管理工作。首先，应设立符合现代博物馆要求的文物贮藏室，这样既有利于文物的收藏和保护，又杜绝了文物藏品与其他物品混淆，不至于遗失。文物贮藏室应设立专人管理，把任务落实到个人，加强管理人员的责任感。其次，把文物藏品分类编号，根据文物的固有属性建立记录档案。为了便于管理和检索，大致可分为：遗址标本、陶(瓷)器、铁器、铜器、货币、字画及其他类。遗址标本可按鉴定年代早晚顺序编号，然后将标本、照片、拓片等分别列入文物登记册或文物档案中；货币可按年代或年号分开统计。除此两类外，其余藏品都可按进库先后归类编号，设立文物登记卡片。填写登记卡片是一项较复杂的工作，卡片填上每件文物的分类编号，就是给文物取了一个名，按分类号就可方便地找到每件文物。卡片内容很多，其中出土地点、时间、鉴定年代、价值、文物名称必须写明。卡片文字力求简明准确，使人一目了然。

## 三、加强联系，建立健全三级文物保护网

文物（这里专指野外不可移动文物）绝大多数分布在各乡村，鉴于在人员、经费都有限的情况下，县级文博管理部门的人员不可能天天下乡检查文物的保护情况，这就需要依靠社会力量，特别是乡（镇）文化站的力量。要重视同各乡镇文化站保持联系，在各乡（镇）、村（特别是文物较多的乡村）发展一批义务文物保护通信员，每月给予适当的劳务补助，提高大家的工作热情。总之，只有建立健全县、乡、村三级文物保护网络，

文物安全才能得到保障，文物保护事业才会取得更好的发展。

（该文刊载于《江西文博》1999年第1期）

# 浅论如何充分发挥乡镇文化站在文物保护管理工作中的作用

当前，盗掘古墓和走私文物活动愈演愈烈，以我县为例，近几年来，各乡镇发生的盗墓案件层出不穷，由于打击不力，一些地区形成一股“要想发财，就去掘墓”的歪风。由于县文物管理部门中存在人员少、任务重、信息反馈不及时的问题，全县文物安全因此得不到有效保护。

如何把文物保护管理工作落到实处，我以为关键是与乡镇文化站建立信息联系，文化站不仅有效地推动了农村社会主义精神文明建设，在文物保护管理工作中也显示了它不可忽视的特殊作用。如在我县滩溪、燕坊、艾城等乡镇发生的几起重大盗墓案件，如果没有文化站工作人员的及时报告、配合，造成的损失将是无法估量的。故此，我认为培养文化站工作人员的文物保护意识，已是当务之急。另外，在与文化站建立经常性业务通讯联系的同时，县文物管理部门必须随时将所掌握的文物分布情况，向乡站通报，使他们能及时有效加以戒备。文化站还可以采取一些文物临时性保管措施，这样，便于发现文物后，在县文物管理部门的人员未赶到现场的情况下，暂时代为保管，使文物不致受损。特别是考古发掘，由于发掘工地大都离县城较远，交通不便，因此，在发掘工作期间，可以把出土文物暂时存放在离工地较近的文化站，待发掘工作完毕，再统一转运。

多数文化站工作人员或歌或舞或写或画都有一技之长，在开展群众文化活动的同时，可充分利用自身的优势，采取多种形式宣传“文物保护法”，如演出、书写标语、组编宣传栏等，向群众宣传文物知识和法规，使“保护文物，人人有责”深入人心。县文物管理部门还可以把乡镇文化站及村文化室中热心文物事业的人吸引到义务文物保护通讯员行列中来，建立健全县、乡（镇）、村三级文物保护通信网络。

总之，县文博部门重视乡镇文化站及村文化室在文物保护管理工作中的作用，与他们互相沟通、互相促进，是搞好该项工作的重要一环，同时也为文物管理事业向纵深发展创造了条件。

（该文刊载于2013年《九江群文春天》期刊）

# 发展乡镇文化事业之构思

当前，乡镇文化事业的发展现状令人担忧，有的文化站无专职人员，有的文化站工作人员因被长期抽下乡搞中心工作而不能专注于本职工作，以及有的文化站场地和设施简陋，经费短缺，有的文化站处于萎缩状态。

为改善这种难堪的局面，促进乡镇文化事业的发展，永修博物馆与文化馆、图书馆一起制定了“乡镇文化站目标管理责任制”，与乡镇政府、文化站签订文物安全责任书，并且确定每年召开一次文化站工作会议，这些措施使文化站稍有转机，提升了乡站同志的责任心。但由于目前我县乡站有编制的国家干部还不多，大部分乡站的工作人员仍是以合同聘用制的方式于此工作，其后顾之忧没能被解决，因而不安心于本职工作，“做一天和尚撞一天钟”的思想普遍存在，这是有碍发展乡镇文化的基本原因之一。其二，人员流动大。我县有多个乡镇文化站由于人员变动、蹲点等诸方面原因，曾一度没开展任何活动。因此，人员的固定亦是当务之急。现阶段文化站虽然还是乡镇的一个事业单位，但却不能像教育、卫生等单位那样得到领导重视，经费没有自主权，免费开放经费也不能完全做到专款专用，即使能全部用于文化上，也要经过无数次报告申请，严重束缚了文化事业的发展。故此，我认为理顺文化站与政府的关系，建立独立核算的单位，是发展乡镇文化事业迫切要解决的问题。

当前，随着文化的高速发展，单一的工作思路已不适合形势发展的需要。文化站不仅是开展几项文化娱乐活动，还要开展体育、科技、广电、文物保护等工作。因此，国家下拨的经费已远远不能满足文化事业的发展。能不能在现有条件下，引进外部机制，因地制宜地开辟一条以文补文的新路子呢？我想是可以的，如瑞昌码头镇文化中心站，就是利用优越的地理条件，建成为全省闻名的文化站；安徽孤峰文化中心站利用处于天然景观区域的优势，大力发展旅游文化，成为不要国家一分钱的先进站。我们也有典型例子，如吴城文化中心站以文补文，依靠社会力量争取赞助资金；虬津文化中心站也从多方面开辟以文补文的路子。但这只是极个别条件较好的文化站，目前我县大部分乡站的工作还处于低谷。如何做好乡镇文化工作，我认为重点要抓住“因地制宜”四个字。比如：柘林文化站处于集镇，且有柘林水电厂在其属地，它就可重点发展企业文化，与厂家建立横向联系，争取赞助。吴城为江西四大名镇之一，地处鄱阳湖畔，是我省最大的候鸟栖息地，每年到此观光者数以万计，这种得天独厚的条件，不是发展古镇文化的最佳选择吗？虬津处于南北交通的十字路口，交通便利，试想能不能争取客户投资，建立一个文化娱乐中心呢？这些只不过是笔者的设想，其他各乡镇也可根据不同条件，找出一条适合自身发展的新路子。

永修县普及文化站较早，但是还有一些站只是徒有虚名，一些乡镇迫于上面的压力，在条件尚未成熟的情况下，建立了文化站，结果只能看到一块虚张声势的空牌子，人员、经费，甚至场地都没具体落实，大家知道，人员、经费、场地宛如三根顶梁大柱支撑着乡镇文化大厦，三者缺一不可。有的口头上说解决了活动场所，但这所谓场所，只不过是只有十几平方米的普通房屋，造成文化娱乐设施、图书资料大量损坏遗失，这种状况又怎能办好文化站呢？究其原因，还是领导干部的文化意识薄弱。故笔者认为，应该把文化站的巩固和发展引入各乡镇政府管理目标责任制中去，以引起乡镇政府的重视。由于乡镇文化站面向农村，我们可以在发展文化站的同时，重点扶植几个人口较集中的村文化室，特别是农村文化专业户，让村民自己来办文化。笔者认为，根据这两方面思路去发展文化事业，场地问题就能解决。同时，也为建立三级文化网络打下基础。

总之，发展乡镇文化，“人员、经费、场地”三落实是最根本的条件，解决了这些问题，活动就可以得到保证，乡镇文化事业定会取得更进一步的发展。

（该文刊载于2015年《九江群文春天》期刊）

# 附录

# 诗词六首

## 题永修县博物馆

古艾文明史五千，

珍藏文物绽芳颜。

商铙唐彩相陈列，

历史之光实不凡。

## 云居山写真

云居山色甲江右，秀丽天成誉九州。

古寺真如朝圣地，赵州关隘对川流。

东坡泼墨谈心石，明月映湖照客游。

往昔蜚声千里外，如今更上一层楼。

## 鄱阳湖国家湿地公园

美景数湖边，珍禽入画帘。

碧草随风舞，身临若化仙。

## 永修磨刀李史话

五代萌烽火，李门忙大迁。

江南觅落脚，赣北立家园。

昔日磨刀寨，如今蛱蝶穿。

传承近千载，李衢亦安然。

## 好事近·名镇吴城

古镇历千年，会馆客商云集。一自二雄争战，望湖亭名易。　　江南彭蠡鸟之乡，蜚声迅雷疾。数宇宙奇观赏，此处当称极。

## 【双调】水仙子·春音

一支春曲万山妍，垂柳依依别有天。窗前榻上寄思恋。举银杯，千愁遣，知音总是两相牵。酣饮情怀畅，通宵无意眠，流金岁月共婵娟。

永修文体中心

# 歌曲

## 文博梦
## 又名：《永修文博之歌》

作曲:李国玺
作词:李　鸣

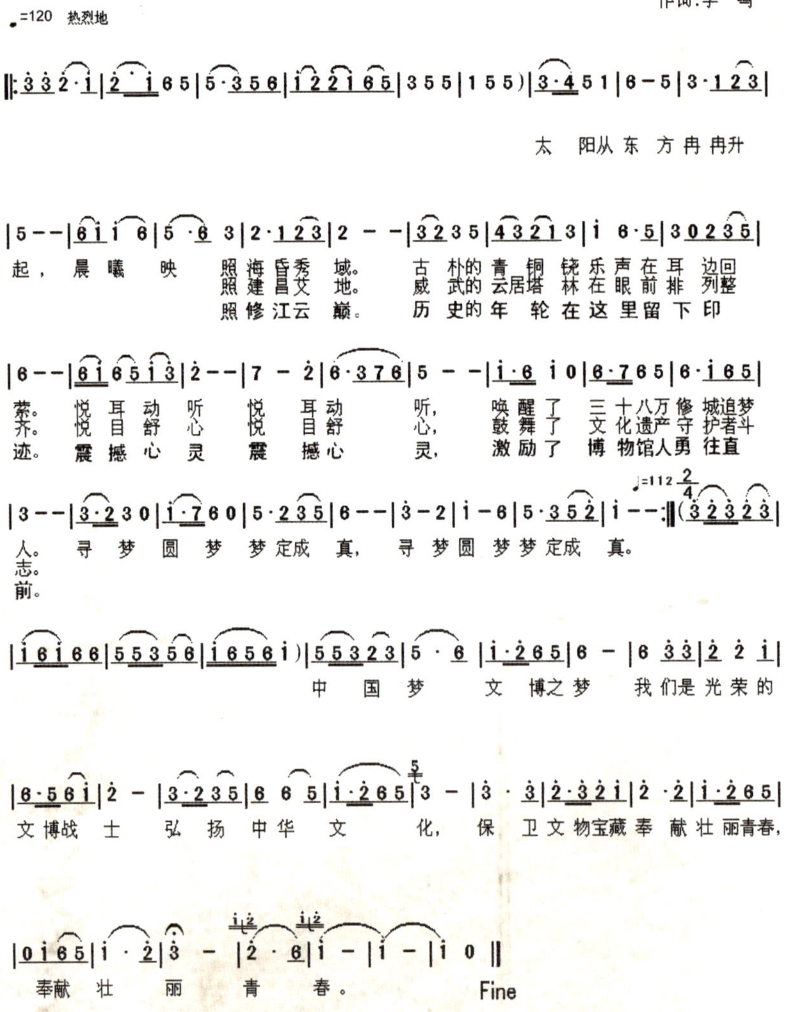

# 歌词

## 千古永邑

秦置艾　汉析海昏

沉海昏　立建昌　于民国三年　永修称

溯远古　遗史清清

沐风雨　历沧桑　经星移斗转　万物兴

览县志　春秋频频

磨刀李　样式雷　声誉海内外　名古今

奇秀域　人杰地灵

李公择　燕公澜　展宏图大志　山河新

明魏源　肃治厉兵

近现代　淦君鼎　誓死抗倭寇　世人钦

今永修　赣北名城

居西海　倚匡庐　衬昌九一体化　向前奔

# 图表

## 全国重点文物保护单位一览表

| 类型 | 名称 | 地址 | 年代 |
|---|---|---|---|
| 古建筑 | 云居山塔林 | 云居山 | 唐至元 |

## 江西省级文物保护单位一览表

| 类型 | 名称 | 地址 | 年代 |
|---|---|---|---|
| 古建筑 | 云居山真如寺 | 云居山 | 唐（现代重修） |
| | 吴城吉安会馆 | 吴城镇 | 清代 |
| | 雷氏祖屋 | 梅棠镇新庄村 | 清代 |

## 第一批 县级文物保护单位一览表

| 类型 | 名称 | 地址 | 年代 |
|---|---|---|---|
| 古遗址 | 寨山墩遗址 | 白槎镇向阳村 | 商晚至西周 |
| | 磨盘山遗址 | 马口镇马口村 | 新晚至商周 |
| 古墓葬 | 刑部尚书魏源墓 | 柘林镇易家河村 | 明代 |
| | 陈母曾太君人墓 | 马口镇先锋村 | 清代 |
| 古建筑 | 云居山真如寺及历代僧塔 | 云居山 | 唐至当代 |
| | 三房桥戴氏门楼 | 滩溪镇三房村 | 明代 |
| | 吴城吉安会馆 | 吴城镇 | 清代 |
| | 万氏贞节坊 | 吴城镇大同村 | 清代 |
| 近现代重要史迹及代表性建筑 | 淦氏家祠（中共永修县委旧址） | 九合乡红光村 | 清、民国 |

## 第二批 县级文物保护单位一览表

| 类型 | 名称 | 地址 | 年代 |
| --- | --- | --- | --- |
| 古遗址 | 城墩遗址 | 滩溪镇沙垅村 | 商周 |
| 古墓葬 | 李衢墓 | 三溪桥镇横山村 | 五代 |
| | 荆州刺史董有林墓 | 虬津镇鄱坂村 | 宋代 |
| | 建昌县令戴如愚墓 | 艾城镇艾城村 | 宋代 |
| | 魏源母亲墓 | 柘林镇易家河村 | 明代 |
| 古建筑 | 风雨桥 | 立新乡竹岭村 | 明代 |
| | 黄婆井 | 立新乡黄婆井村 | 清代 |
| | 雷氏祖屋 | 梅棠镇新庄村 | 清代 |
| | 吴城天主教堂附属楼 | 吴城镇 | 清、民国 |
| | 同安寺 | 艾城镇谦田村 | 唐(现代重修) |
| | 胡氏百岁石牌坊 | 江上乡新基村 | 清代 |
| 近现代重要史迹及代表性建筑 | 永修县革命烈士纪念塔 | 县城 | 1950 年 |
| | 柘林水电大坝 | 柘林镇 | 1958 年 |

## 第三批 县级文物保护单位一览表

| 类型 | 名称 | 地址 | 年代 | 备注 |
|---|---|---|---|---|
| 古遗址 | 郭坂遗址 | 白槎镇郭坂村 | 商周 | |
| | 系马遗址 | 八角岭垦殖场八一村 | 商周 | |
| | 龚家墩古文化遗址 | 滩溪镇东山村 | 商周 | |
| 古墓葬 | 李辕墓 | 三溪桥镇横山村 | 五代 | |
| | 李𫐐墓 | 三溪桥镇横山村 | 五代 | |
| | 徐家太婆张氏墓 | 立新乡北徐村 | 清代 | |
| 古建筑 | 云门寺 | 江上乡南坑村 | 唐代 | 现代重修 |
| | 望湖亭 | 吴城镇 | 明代 | 现代重建 |
| | 城龙桥 | 立新乡竹岭村 | 明代 | |
| | 四方古井 | 立新乡坂上村 | 明代 | |
| | 长工桥 | 艾城镇小桥村 | 清代 | |
| | 后港桥 | 滩溪镇胡家村 | 清代 | |
| | 杨志善堂 | 吴城镇 | 清代 | |
| | 丁家山牌坊 | 吴城镇丁家山村 | 清代 | |
| 石窟寺及石刻 | 云居山摩崖石刻 | 云居山 | 唐宋以来 | |
| 近现代重要史迹及代表性建筑 | 张朝燮、王经燕烈士墓 | 艾城镇艾城村 | 1927 年<br>1928 年 | |
| | 王环心、淦克群烈士墓 | 九合乡淳湖村 | 1927 年<br>1930 年 | |
| | “修河保卫战”战壕遗址 | 虬津镇虬津村 | 1938 年 | |
| | 渠首电站及三附坝 | 三溪桥镇旭光村 | 1958 年 | |

# 永修历史沿革图表

<table>
<tr><th>开始时间</th><th>公元前 2100 年</th><th>前 1600 年</th><th>前 1046 年</th><th colspan="3">前 770 年</th></tr>
<tr><td>朝代</td><td>夏</td><td>商</td><td>西周</td><td colspan="3">东周（春秋战国）</td></tr>
<tr><td rowspan="2">行政区划</td><td rowspan="2">前 21 世纪已开发</td><td colspan="2" rowspan="2">属艾</td><td colspan="3">与修水、铜鼓、武宁、奉新、靖安、安义等地合称艾</td></tr>
<tr><td>前 536 年属吴国</td><td>前 473 年属越国</td><td>前 333 年属楚国</td></tr>
</table>

<table>
<tr><th>前 221 年</th><th colspan="2">前 202 年</th><th>公元 9 年</th><th colspan="3">25 年</th></tr>
<tr><td>秦</td><td colspan="2">西汉</td><td>新</td><td colspan="3">东汉</td></tr>
<tr><td rowspan="2">属九江郡艾邑</td><td colspan="2">豫章郡海昏县</td><td>宜生县<br>（9—25 年）</td><td colspan="3">豫章郡海昏县（含海昏侯国）</td></tr>
<tr><td>前 201 年由艾邑分出海昏县</td><td>刘贺被贬海昏侯，建侯城于海昏城 20 里外</td><td></td><td>104 年从海昏中分出古建昌县</td><td>185 年分设古永修县</td><td>建安年间，分海昏县地立西安县</td></tr>
</table>

<table>
<tr><th>220 年</th><th>265 年</th><th colspan="2">420 年</th><th colspan="2">581 年</th></tr>
<tr><td>三国</td><td>晋</td><td colspan="2">南北朝</td><td colspan="2">隋</td></tr>
<tr><td rowspan="2">海昏县属吴国</td><td rowspan="2">豫章郡海昏县（包括古海昏县、古建昌县等）</td><td>宋、齐、梁</td><td>陈</td><td rowspan="2">589 年，设洪州总管府，辖建昌县</td><td rowspan="2">隋炀帝大业初，豫章郡建昌县</td></tr>
<tr><td>豫章郡建昌县（425 年始，县治在今艾城街）</td><td>559 年，设豫宁郡，含建昌、豫宁、新吴等五县</td></tr>
</table>

<table>
<tr><th colspan="5">618 年</th></tr>
<tr><td colspan="5">唐</td></tr>
<tr><td>622 年，设南昌总管府辖南昌州，南昌州分设建昌、龙安、古永修三县</td><td>624 年，撤南昌总管府，设南昌州辖建昌等县</td><td>625 年，废南昌州设洪州，把南昌县、新吴县、古永修县、龙安县再次并入建昌县</td><td>682 年分拆建昌县，重设新吴县</td><td>704 年，从建昌县分出武宁县</td></tr>
</table>

<table>
<tr><th colspan="2">907 年</th><th>960 年</th><th colspan="2">1271 年</th></tr>
<tr><td colspan="2">五代十国</td><td>宋</td><td colspan="2">元</td></tr>
<tr><td colspan="2">洪州建昌县</td><td rowspan="2">建昌县。982 年属南康军</td><td rowspan="2">建昌县，属南康路</td><td rowspan="2">1295 年，升为建昌州，属南康路</td></tr>
<tr><td>902 年建昌县属于杨吴政权</td><td>937 年，属南唐。南唐升元年间，划出建昌部分地方新设靖安县</td></tr>
</table>

<table>
<tr><th>1368 年</th><th>1644 年</th><th colspan="2">1912 年</th></tr>
<tr><td>明</td><td>清</td><td colspan="2">中华民国</td></tr>
<tr><td>建昌县，属南康府。1518 年，划出安义、南昌、控鹤等五乡设安义县</td><td>建昌县，属南康府</td><td>1912 年，废府州，建昌县直属于省</td><td>1914 年，改建昌县为永修县</td></tr>
</table>

<table>
<tr><th colspan="2">1949</th></tr>
<tr><td colspan="2">中华人民共和国</td></tr>
<tr><td>1949 年 10 月，永修县隶属于九江专区。1954 年将新建县吴城镇划回永修，1969 年马口罗亭等地划出</td><td>1971 年 2 月，设九江地区。1983 年，设九江市。辖永修</td></tr>
</table>

# 后记

理學名臣

# 未尽的记忆

2007年至2011年，我们有幸全程参与了第三次全国文物普查工作。将近五年的时间，我们跋山涉水、不畏严寒酷暑，几乎把永修的山山水水又重新梳理了一遍。改革开放30年来，永修的变化的确是令人难以想象和值得骄傲的！我们足迹所到之处，无论是集镇或乡村，到处都是新房新路，竹木葱茏。特别是交通，过去崎岖的沙石路，如今都变成水泥路或柏油路。回想十几年前，下乡搞文物调查，吃的是糙米饭，住的是农家木板房，交通工具或是乘农用三轮车，或是骑自行车，仅粗略把云居山僧塔考察一遍，就整整在山间小路上徒步跋涉了一个多星期。而这次普查下乡，吃的是白大米，住的是平顶屋，坐的是面包车，到云居山走一趟一天也就够了，变化确实太大了。人们常说“沧海桑田”“往事如梦”，进入新世纪以来，中国人民正在创作一幅无与伦比的龙的图画，正在把祖祖辈辈的富裕梦想变为现实。永修的变化，确实令人欣喜、震撼；永修如梦如幻的美景，确实叫人痴迷、流连！

然而，作为基层文博工作者，出于保护传统优秀文化遗产的责任和追求，我们在欣喜、流连之后陷入沉思和忧虑。过去的天井式民居已很罕见了，过去的小巷幽径、石桥牌坊、会馆戏台也已凤毛麟角，难觅踪迹……随着改革开放的全面推进，经济快速飞跃，大量外来文化涌入，特别是随着生产、生活方式以及思想观念的改变，我们的民族民间传统文化正在急速灭失或濒临灭失。在这次普查中有些现象既让人高兴又令人惆怅，现在无论哪个村组修房造屋几乎都是钢筋水泥，安装的都是铝合金门窗，传统的建筑文化正在急速地消失，我们过去常见的建筑式样，现在大都已不复存在。我们急切地感受到，在文化加速趋同的今天，保护民族传统优秀文化遗产刻不容缓。文化遗产是我们民族的灵魂，是我们的精神家园，是我们区别于其他民族、自立于民族之林的个性和根基。保护文化遗产，是保护精神家园、民族灵魂和话语权的迫切需要。一些发达国家和地区利用传统优秀文化发展旅游、发展经济的实例早已证明，发展经济和保护文化遗产并不矛盾。文化是软实力，一个民族的文化遗产是这个民族发展经济的不可多得的珍贵财富。过去在保护文化遗产上我们虽然做了大量工作，取得了一些成绩，但是还远远不够，我们必须继续努力，再接再厉。当然，保护文化遗产绝不是靠个人能力所能完成的，所谓保护也绝不是纹丝不动地机械封存，保护只是一种措施和手段，只有人民群众认清了保护文化遗产的重要性，并从保护中获得实际利益的时候，我们的保护才会有实效，才能取得成果。

总之，文化遗产是历史长河流淌冲击出的精美结晶，它们需要包装和提炼，需要宣传和整合利用，这样文化遗产保护事业才会得到良性循环，获得发展。

《艾语——永修不可移动文化遗产撷英》是我们近几十年来在基层一线工作、探索及“三普”所获成果的精华的结集。保护和传承本土优秀历史文化遗产，有效促进文化与旅游的整合，从而为县域经济发展提供文化元素，是编辑出版这本书籍的根本目的所在。在本书策划编辑过程中，永修县委、县政府、县委宣传部、县文广新旅局、县财政局等高度重视，大力支持，在他们的殷切关怀和扶助下，本书才得以成功出版。值此书付梓之际，我们谨向历年来关心、帮助、扶持过文博事业的领导、同仁和社会各界表示衷心的感谢！

由于我们专业知识和工作水平有限，失误和缺憾在所难免，恳请业内人士及读者不吝赐教指正。

编著者

2020 年 6 月 10 日于永修